大活字本シリーズ

後藤正治

ラグビー・ロマン

岡仁詩とリベラル水脈

埼玉福祉会

ラグビー・ロマン

岡仁詩とリベラル水脈

装幀　関根利雄

目次

序章　埋み火

天気のいい、気持のいい朝であった。京都新聞の運動面に、関西大学ラグビーAリーグ、同志社大学対立命館大学の試合予告が記されている。二〇〇四年十一月七日、ところは京都・左京区にある宝ヶ池球技場。関西の大学ラグビー界は、積年、同大が一頭地を抜き、京都産業大学、大阪体育大学がこれを追うというワンパターンが続いてきたが、大型FW（フォワード）を擁する立命大が元気であるという。覗いてみようか……。

私はラグビー好きである。冬場になると、高校・大学・社会人を問

わず、ぶらっとラグビー場を訪れる日がある。それに、京都新聞運動部の知人より耳にしていた。岡さんは、部の肩書きはもうなくなっていますがスタンドには顔を見せておられますよ、多分、お見えになるんじゃないでしょうか、と。

岡仁詩《おかひとし》。同志社大学名誉教授。一九二九（昭和四）年生まれであるから七十五歳になる。同大ラグビーの代名詞的人物であった。監督、部長、総監督、技術顧問……肩書きは変わったが、四十数年にわたり同大ラグビーを率いてきた。また日本ラグビー協会の強化委員長、日本代表チーム監督などを歴任し、斬新な戦術指導と〝岡イズム〟は日本ラグビーの水脈のひとつを形づくってきた。

大学の研究室に、はじめて岡を訪ねたのは十数年前のこと。教え子

の一人で、日本ラグビー界が生んだ屈指のウイング、坂田好弘（のち近鉄を経て大阪体育大ラグビー部監督）を月刊誌に書くための関連取材であったと記憶する。坂田への思い出話は興味深く、またラグビーの知識に満ちた話し手だった。

味をしめた私は、以降、教え子たち――〝教え子〟という言葉を好まない人であったが――、宮地克実（のち三洋電機）、林敏之（のち神戸製鋼）、平尾誠二（同）、大八木淳史（同）ら、日本ラグビーを担った指導者や選手の取材機会があるたびに研究室に足を運んだ。彼らの情報収集もさることながら、岡と会ってラグビー談義をすること自体が楽しみであったからである。

話題に出るのは、日本のラグビー史にかかわること、ニュージーラ

ンドやイギリスなどラグビー強豪国のこと、さらには学校スポーツや大学教育のあり方など、多岐にわたっている。振り返って想起するのはむしろ雑談でのこぼれ話である。

岡その人については、六十五歳で大学の定年を迎える前後、集中して取材をする機会があった。以降もお付き合いは続き、同大ラグビー部のニュージーランド合宿に同行させてもらったり、各地の試合場や京都府綴喜《つづき》郡田辺町（現京田辺市）にある同大グラウンド、また同町にある岡の自宅で何度か顔を合わせてきた。

私はこれまで数多くのスポーツ関係者に出会ってきた。いわゆる体育会系人物が少なくないなか、その対極にある、理知的な紳士であった。大学ラグビー界の雄、明治大学のラグビーがタテ、早稲田大学の

それがヨコと形容されるのに対し、同大のそれは自由、あるいは形のないのが同大ラグビーとも評されてきた。岡の志向の現われでもあった。

リベラリスト、あるいは理の人――。その像は一貫して動かないが、この間、その芯《しん》にあるものを、志向のよってきたる所以《ゆえん》を、さらには背後にあるもうひとつの岡像を知っていったように思う。

――競技場の正面スタンド。ほぼ満員である。ラグビー人気の低迷がいわれるが、好試合が予想されるゲームには客が入る。学生や若い世代のカップルが目につくが、中高年の姿も少なくない。ファン層に広がりがあるのがラグビー競技で、このことは東京・秩父宮ラグビー

場や東大阪・花園ラグビー場でもそうであって、日本ラグビーが長い歴史に培われたスポーツであることを感じさせてくれる。スタンドの下から何度か見上げてみる。白髪の人物、が目印であった。

「いやぁ、お久しぶりです」

先に、声をかけられた。スタンド中段の一般席である。促され、隣の席に座った。

岡の姿を探しているのは私だけではなかった。入れ替わり立ち替わり、岡を見つけた老若男女が挨拶にやって来る。

試合がはじまる。同大のジャージーはお馴染みの紺とグレーの横縞。前半、同大がトライを重ねてリードするが、後半、立命大が追い上げる。好ゲームとなった。

「ブラインドサイドをつけばトライチャンスだったね。SO（スタンドオフ）に相手バックスの位置が見えていない……」

「後手に回ってきた。バックラインのできるのが遅い。だから前で止められない。FWが押されはじめているからだけどね……」

「少し点数があいたね。でも二二点差はほしい。三トライでも追いつけないから……」

周りの、同年代のOBたちとのやりとりであるが、解説つきの特等席で観戦している感があった。

ゲームへの観察眼は鋭いが、同時に、ゆったりとラグビーを楽しんでいる雰囲気も感じられる。いつか、こう語ったことがあったはずである。

――一生、ラグビー、ラグビーなんでしょうが、歳を取れば、そうね、一ファンに戻ってラグビーを楽しみたい……。
いま、そのような時が訪れているようでもある。グラウンドに目をやりつつ、随分と溜まった取材ノートのメモを思い起こしながら、私は隣に座る老ラガーマンのことを考え続けていた。

同志社大学ラグビー部の創部は一九一一（明治四十四）年。慶応大学、旧制三高（現京都大学）につぐ長い歴史を持っている。戦後はしばらく低迷期が続いたが、二十九歳の青年監督、岡仁詩が誕生してまもなく、一九六〇年代前半、第一期の黄金時代を迎える。六一年度、社会人チームの雄、近鉄を破って第二回ＮＨＫ杯（日本選手権の前

身）を優勝。六三年度、再度近鉄を破り、第一回日本選手権の覇者となる。この当時、ＦＷの中心選手の一人が宮地であり、バックスの切り札が坂田だった。

その後、大学選手権では優勝の機会がなかなか訪れなかったが、一九八〇年代前半、第二期黄金時代を迎える。八〇年度、明大を破って大学選手権に初優勝。一年おいて、八二、八三、八四年度と、大学選手権三連覇を果している。中心選手が林、大八木、平尾らであった。

その後また優勝から遠ざかっているが、一九九〇年代半ば、ＰＧ（ペナルティゴール）を狙わず、トライ獲得を求め続ける〝行け行けラグビー〟はラグビー場を大いににぎわせた。

同大ラグビー部は決して常勝チームではなかったし、チーム力の振

幅の激しいチームであったが、そのときどき、面白いラグビーを披露してくれるチームではあった。指導者の持ち味を映し出していたかもしれない。

岡はアイディアマンである。その時代ごと、斬新なラグビー戦術の発案にかかわっているのであるが、常に返ってくる言葉は「学生が」という主語である。ゲームをするのは学生であり、戦法の選択も学生がするというのである。

このことは一指導者の方向づけというより、伝統的な部風であり、また同志社大学の校風に由来している部分が大であろう。事実、同大では、試合の出場メンバーを決めるのはキャプテンであり、岡の学生時代からキャプテンは部員の選挙によって選び出されている。それに

しても、それはまた岡のラグビー思想と重なっており、こういう志向は年輪を増すごとに深まっていったように思える。

戦後、日本のスポーツ界は名物指導者を生んだ。ラグビー界でいえば明大の北島忠治、早大の大西鉄之祐が双璧であろう。岡を名将列伝に加えてもなんらおかしくはないが、そういう範疇で括ることになんとなく違和感はある。北島は存在感あるカリスマ性において、大西は屈指の戦闘指揮官として他の追随を許さぬものがあった。

岡に、カリスマ性も戦闘指揮官の要素ももちろんあるが、芯にある人物風景としてよぎるのは別のものである。岡仁詩をどう表現すべきであるのか。

〝柔らかな教育者〟——そんな言葉が浮かぶ。

岡のもとから、数多くのラグビー指導者が生まれている。日本代表監督だけを並べても、宮地克実（三洋電機）、小藪修（新日鉄釜石）、平尾誠二（神戸製鋼）、萩本光威（同）。さらに中島誠二郎（ワールド）、松尾勝博（同）、石塚広治（近鉄）、畑敏郎（三洋電機）、飯降幸雄（同）、柴田浩一（同）、宮本勝文（同）、平井俊洋（トヨタ）、安井敏明（神戸製鋼）、村口和夫（新日鉄室蘭）、竹原勉（リコー）、森岡公隆（三菱重工長崎）、土田雅人（サントリー）、浦野健介（新日鉄釜石）、佐野順（ヤマハ）、中尾晃（同、現同大ラグビー部監督）……など、社会人チームの部長・監督・ヘッドコーチや指導者となっていった卒業生もまた多い。〝岡学校〟と呼ばれることがあるが、一度、〝教え子〟たちについてこう語ったことがあった。

「彼らは同志社ラグビーの卒業生ですが、共通するものは別段ないんじゃないでしょうか。ましてや〝岡イズム〟の門下生などというのはとんでもない。彼らに失礼です。大学で過すのは高々四年間です。中島はワールドで、宮地は三洋で、小藪は釜石で、平尾は神戸で、土田はサントリーで、それぞれ独自の考えと体験を積み重ねて、彼ら自身のラグビーを開花させていった。私の影響などかかわりなく、そうであることがうれしいですね。あえて共通項をいうなら、大学を卒業するときラグビーにくたびれていなかったことはあるかもしれませんが……」

岡らしい言い回しである。

ラグビー部のOBではないが、一人の卒業生のことをふと想起する。

第二期黄金時代の最中、岡は同大の学生部長をつとめている。大学校舎の移転問題がもめていたが、当時、この卒業生は岡と〝敵対〟した学生運動の活動家であった。のち、岡とのかかわりがあって、故郷の町でラグビー祭をはじめていった……。

世には、学生たちに直截に大きな影響を及ぼす教育者がいる。ラグビーは走る格闘技である。教師と部員たちの熱い〝金八先生物語〟は世の好むものであるが、もとより岡のスタイルは異なる。

人と人の関係のありようとして、当の教員も、またその教員に接した学生たちも、とくになにかを授けたり、授かったりしたとは思わぬままに、なにごとかを受け取っていく関係もあるのではあるまいか。歳月を経てふと顔を出す埋み火のような――。それを〝柔らかい教

育〟といってもいいなら、岡をそのように表現してもいいように思うのである。

それは岡のもつ生来の気質であったろうが、同時に、楕円球とかかわった歳月――痛恨の出来事や無念の出来事を含め――が、それを磨き、熟成させていったはずである。

リベラルな思想、豊潤なラグビー理論、物静かで穏やかな立ち居振舞い――岡を申し分ないラグビー紳士といっていいが、同時に、秘めたる感情量の多さを感じるときがあった。クールでありつつ、そうではない。この人はロマンティストなのだと思ったことが幾度かある。

岡仁詩とはなにか、彼と彼らのラグビーはなにを切り開いたのか、それはどのような意味と意義をもち続けているのか――。老ラガーマ

ンの足跡とその水脈をたどってみたく思うのである。

第1章　天中

1

人を形づくるものはさまざまにあろう。家庭、環境、学校、交友、時代、場所、職業……。いずれもその要素になるものであるが、岡仁詩を考えるとき、まずその〈時代〉が筆頭にくるように思える。

父・直次郎、母・キヨ子。岡は長男で、三歳下に弟がいる。父は奈良の人。昭和のはじめ、大阪に出てメリヤス製造の仕事を覚え、旭区で機械編みの婦人セーターの製造と卸業を営んだ。

織機とミシンがそれぞれ二十台ほどあって、従業員は修業中の「ボンさん」を含めて十七、八人の工場だった。自宅も工場に隣接し、岡

は大阪の下町で育っている。

小学校五年生のとき、父が胃癌で亡くなり、母が家業を継いでいく。母は「しっかりもの」で、夫の死後も家業を維持していった。なお、戦後になってからであるが、母は再婚して一子を授かったので、岡にはもう一人、異父の弟がいる。

仁詩――という名づけ親は父である。岡の知る父は、仕事熱心な男であったが、アユ釣りの道具の収集、ウグイスの飼育、競馬など、趣味の多い人だった。

「仁詩」とは、昭和のはじめとしては、とてもハイカラなる命名であったろう。その名がその人を現わすことはむしろ少なかろうが、のちのちの岡を考えると、「仁」と「詩」という二語は暗示的である。

父がなぜ長子にそのような名をつけたのか――。後年、岡は人から訊かれることもあったが、こればかりはわからないと答えるしかない。

小学校は地元の古市《ふるいち》小学校。六年生時、校庭でドッジボールをしていたさい、拡声器から軍艦マーチが流れ、「大本営陸海軍部発表、帝国陸海軍は本八日未明、西太平洋において米英軍と戦闘状態に入れり……」という声が流れた。子供心にもどこか落ちつかない不安感を抱いたことを記憶する。

岡たちの世代は、少年期が戦争期と重なるが、開戦時からしばらく、学校はまだ平時の日々が流れていた。

小学校の成績はよく、天王寺中学（現府立天王寺高校）へと進む。小さなことであるが、学区の変更がなければ、岡と楕円球との出会いは

なかったかもしれない。

戦前、大阪市内においては、北野中学（現府立北野高校）と天王寺中学がいわゆる進学校であった。大阪北部は北野、南部は天王寺という学区制が敷かれていたのが、どういう事情があったのか、旭区の小学校の卒業生が受験できるのはそれまでの北野から天王寺へと変わった。もし変更がなければ北野に進んだろうという。そうであったら、岡のラグビー人生はなかったかもしれない。

天中の校舎はいまの天王寺高校と同じ場所にあって、大阪市阿倍野区三明町。京阪電車で京橋に出、環状線に乗り換えて寺田町へ。そこからは徒歩で十数分の道程である。

スポーツ好きの少年で、なにかクラブに入りたいと思っていたが、

天中のしきたりで、クラブへの入部は二学期からと決められていた。

天中はラグビーが盛んで、校技ともなっていた。都心の学校である。グラウンドは狭く、野球部との共用であったが、ラグビー部が大手を振ってグラウンドを使っていた。

一年生の秋、天中ラグビー部は明治神宮大会（戦後の国体にあたる）で台北工専を破って優勝している。優勝旗を手にした主将以下、凱旋帰校した部員を全校生徒が迎えた日がある。まぶしいほどにカッコ良かった。ラグビーのラの字も知らなかったが、岡は即、入部する。

身長百六十六センチ。当時の中学生としては長身で、ポジションはロック。生涯格闘することとなる、楕円球との出会いであった。

ラグビーのルールは細部に立ち入ると複雑であるが、大づかみにい

えばシンプルである。目的はボールを奪い、継続し、トライすることである。ボールを手にした選手は、走ろうが、パスしようが、蹴ろうが、何をしてもいい。禁止事項のポイントはボールの前でプレーしてはならないということである。攻撃を阻止する防御側にもとくに制約はない。ボール争奪戦は激しいプレーとなるが故に、フェアプレーを尊び、危険でダーティな行為、いわゆるラフプレーを禁じている。激しく、また自由であることが岡の気質に合った。このスポーツにのめり込んでいく。

グラウンドの土は固く、雨が降るとドロドロになる。ぬかるみが薄いグリーンの校舎を映し出して、グラウンドが緑っぽくなった。手足を擦りむき、あるいは泥まみれになって無心に楕円球を追いかけてい

る――。天中グラウンドでの日々がラグビーの原風景となっている。

天中への入学年が一九四二（昭和十七）年春である。この年の六月、連合艦隊はミッドウェー海戦で大敗し、陸軍は夏から翌年にかけてガダルカナル島で消耗戦を繰り返していく。日本は敗戦への道を転がり落ちていくが、一中学生には大本営発表以外の情報は知る由もない。

天中という学校に在籍したことが、自身に大きな影響を及ぼしたことを岡はのちに知る。進学校であると同時に、伝統的にリベラルな校風の学校だった。当時のこと、硬派の生徒たちは海軍兵学校か陸軍士官学校を目指したが、海兵へ進むものが多かった。同じ軍隊とはいえ、自由度の濃い海軍への憧れが強かったのも校風と無縁ではなかったろ

う。

一九四三（昭和十八）年一月、岡は一年生。出場はしていないが、甲子園南運動場で開かれた第二十五回全国中等学校ラグビー選手権大会（現在の全国高校ラグビー選手権大会）で、天中は福岡中学を破って優勝している。これが、戦前における最後の大会となっている。

もはやスポーツどころではない。ラグビーの発祥はイギリスである。敵性語ということでラグビーという言葉は使用禁止となり、「闘球」と呼ばれ出した。スクラムは「整集」、ルーズ（ラック）は「疎集」。やがて部活動も休止となり、校庭は陸軍部隊の駐屯地となっていく。

戦時色は生活一般に及び、中学生の通学も、戦闘帽にゲートルを巻いた姿が一般化していくが、天中の校長・田中栄一郎は、帽子は小学

校で使った帽子に白線を付ければよし、ゲートルは鞄に入れて必要なときに巻けばいい、とした。物資不足のおりから、という理屈をつけていたが、学生生活までも軍国色に染まるのを苦々しく思う人物であったのだろう。

もっとも岡が校長の心中を察して理解するのは戦後のことである。この時代、ほとんどの少年がそうであったように、「神国日本」の勝利を信じて疑わない「平凡な軍国少年の一人」であった。

生徒たちは勤労奉仕に駆り出されていく。岡のクラスの動員先は八尾飛行場の近くにあった製油工場であった。戦禍は国内にも及び、大阪の空にもB29が再三来襲するようになった。当初、目的地は大阪城に近い陸軍砲兵工廠で、一帯は文字通り、灰燼と化していく。

一九四五（昭和二十）年、岡は中学四年生。空襲は市内部への絨緞《じゅうだん》爆撃へと移ってきた。とくに記憶にとどめているのは、三月と六月の大阪大空襲である。

三月の空襲は、海軍予科兵学校へ行く同級生の送別会を岡の自宅で開いている最中、空襲警報が鳴った。防空壕の中で、大粒の雨がトタン板を叩くような高射砲の音を耳にした。B29が飛び去ったあと、外に出ると南の空が真っ赤に染まっていた。

六月の空襲は、八尾からの帰り道に遭遇した。電車も市電も止まり、徒歩で自宅へと向かった。片町から天満橋にかけて、人家は燃え落ち、黒焦げとなった焼死体が散乱していた。地獄絵図だった。

旭区から見て砲兵工廠は目と鼻の先であったが、自宅・工場のある

地域は空襲を受けずに済んだ。

戦時中、出荷する製品も軍用品となっていったが、やがて毛糸の配給が途絶えた。母の実家は徳島。米は郷里から送られてきて、ひもじい思いをすることはなかったが、それでも母の着物が少しずつなくなっていったことを覚えている。農家から食糧を得るにはそれが必要であったからである。

八月十五日正午、路上の電柱に設置されていたラジオの拡声器を通して玉音放送を耳にした。言葉は不明瞭であったが、天皇の声ははっきり聞こえた。十五歳の夏である。

秋に入り、学校がはじまる。

神国が破れた、上陸してくるアメリカ兵に殺されるのか、殺されるぐらいなら死んだほうがましだ……。もうこの世の終わりであるはずなのに人々は何事もなかったように仕事に出向き、買い出しに出かけ、学校もまた再開されていく。終戦直後の風景に対して感じた違和感は、その後も長く、岡のなかで寛解しないままに沈殿し続けた。

英語の授業も再開された。敵性語をののしった同じ人物から民主主義賛美の声が聞かれる。神国も聖戦も嘘だったのか、兵士や戦災者はなんのために死んだのか、何を信じればいいのか……。問いに、確かに答えてくれるものは何もなかった。

一人の同窓の顔がしきりに思い出された。

終戦近く、本土決戦に備え、和歌山の海岸沿いで塹壕《ざんごう》掘りを繰り返

した日がある。野球部のキャプテンをしていた親友であったが、岡の耳もとでこうささやいた。

「俺はいややわ。こんな戦争で死ぬなんて絶対いやや」

「お前、なんちゅうこというねん」

激怒した岡は親友を殴り倒していた。

少数ではあったが、時代風潮に染まることのない教育者と生徒がいたこと。その事実は、その後の岡の歩みに少なからぬ影響を与えた。

この世に〈絶対〉というものはない。国も滅びるときがある。価値観は常に有為転変する。人間もまた変わる。ならば、絶対を強いることも、強いられることもすまい。大事なことは自分自身が考え、選ぶことだ……。

十五歳の日にこのような考え方を煮詰めて高みの心境に達したわけではなかったが、いつしか岡の思考の芯を形成するものとなっていった。学生ラグビーの指導者として、岡の歩みはもちろん紆余曲折しているが、貫いてあるのはこのことであろう。岡流リベラリズムの源は、戦争と敗戦の渦中ではぐくまれている。

学校に通ってはいたが、信ずるものも将来の展望も浮かばない。校庭で一人、どこかに仕舞い込まれていたラグビーボールを持ち出し、蹴った。スパイクシューズはなく、素足であった。バウンドした楕円球は、かつてと同じように、前に、左右に、転がっていった……。

ライバル校、北野中学との定期戦再開の声が起こり、部員たちがグラウンドに戻ってきた。ジャージーもなく、満足なスパイクもなかっ

たが、グラウンドを駆け回るのが楽しかった。自分らしい自分がそこに在る——。楕円球を追い続けているときはそう感じられるのである。ラグビーとの再会であった。

花園ラグビー場で行なわれた対北野戦は、天中ラグビー部にとって、また岡にとっても戦後はじめての公式試合であった。選手たちは、先輩の残した、色褪せた柄の異なるジャージーを着て試合に臨んだ。スパイクは豚皮で、底は紙を糊で固めた台紙を貼ったものだった。濡れるとゴワゴワになって、足裏にポイントが食い込んできて痛い。そんなシロモノであったが、スパイクではある。試合のみに使う貴重品だった。

北野との定期戦はクリスマス当日の十二月二十五日、花園ラグビー

場第一グラウンドと決まっていた。例年、両校の生徒が詰めかけてスタンドを埋め、大いに盛り上がる。終戦の年の冬。食うや食わずの時代、スポーツどころではない。それでも、正面、バックスタンドとも満員だった。復員服を着たOBたちの姿が数多くあった。

2

柴垣復生《しばがきまたお》という。一九二五（大正十四）年生まれ、八十一歳になる。宮崎・高鍋の郷里で引退生活に入っているが、矍鑠《かくしゃく》という言葉はこういう人を指していうのかと思うほど、お元気そうである。国際ロータリークラブの地区委員長や高鍋国際交流協会会長など、さまざまな社会活動にもかかわっている。

復やん——天中ラグビー部の四年先輩を、岡はそう呼ぶ。もしこの人物の姿を見ることがなければ、岡はラグビーにかかわることがなかったかもしれない。というのも、明治神宮大会で優勝し、優勝旗を掲げ、校門から先頭で入ってきたのが、主将をつとめる柴垣であったからである。

柴垣のことに触れておきたい。

天中時代、大学時代、またその後、岡のラグビー人生のなかで二人はかかわりがある。さらに、岡の世代といってもいいであろう、古き良きラグビー人のひとつの典型を柴垣のなかに見るように思うからである。

明治神宮大会の優勝日が十一月三日であったことを、柴垣はいまも

覚えている。海軍兵学校からの「合格電報」が来た日と重なっているからである。

上野にあった古い旅館が遠征先の宿舎であった。優勝祝賀会、生徒たちが陰で「ゴンボ」と呼んでいた校長の田中栄一郎も上京し、広間の座はにぎやかだった。その最中、宿の主人が柴垣宛ての電報を持って入ってきた。海兵への入学は至難のこと、常日頃「文武両道」を謳う田中はさらにご機嫌となった。念願かない、柴垣もおおいにうれしかったが、祝賀会が終わり、電灯の消えた座敷の隅で、楕円球のボールを抱きながら一人、落涙したことを覚えている。真珠湾攻撃からほぼ一年、勝ち戦が続いていた（と伝えられていた）が、海兵に入り、命ながらえるとは到底思えなかった。楕円球ともこの日でお別れかと

思えたからである。

翌年一月、天中が優勝した全国中等学校ラグビー選手権大会には柴垣は出場していない。第七十四期生として、すでに江田島の海軍兵学校へ入学していたからである。

二度と楕円球に触れることはない——という予想は外れる。

江田島には芝のグラウンドがあって、ラグビーポストも立っていた。京都・舞鶴の海軍機関学校には正規のラグビー部があるほど、海軍ではラグビーが盛んであった。日本海軍のお手本は英国海軍であったが、付随してラグビーも取り入れられたらしい。海外の赴任先でラグビーを知る士官も多かった。土日の休日、ラグビー好きの教官や生徒が集まり、練習ゲームをする日がしばしばあった。

不思議なことに、この島では「闘球」と呼ばれることはなく、フォワードはフォワード、ノッコンはノッコン、ペナルティはペナルティであった。英語が禁止されることは一切なく、生徒一人ひとりに英英辞典が与えられていた。

軍艦を操作運航するとは「数式のかたまり」である。授業科目に数学、物理、天文学が多いのは当然として、英語、国語、歴史の一般教養が減らされることもなかった。陸軍式の軍事教練もなかった。柴垣たちラグビー好きの生徒が提唱した結果、ラグビーは正規の体育科目にまで加えられた。

敗戦近くまでの二年半、柴垣は江田島で過している。対米英戦争を第一線で担う士官養成学校は、奇妙なことに、戦争の匂いが希薄な

「別世界」であったように振り返って思うのである。

自由度の大きさは海軍兵学校の校風であったが、学校長の教育方針のせいもあった。

井上成美《しげよし》。軍務局長のころ、海軍大臣・米内光政、次官・山本五十六とともに「左派トリオ」を形成、日独伊三国同盟に徹底して反対し抜いた人物である。開戦後、第四艦隊司令長官となり珊瑚海海戦を指揮。その後、兵学校校長に赴任している。

瘦身で、にこりともしない謹厳そのものの人で、もちろん一生徒が口をきけるような相手ではなかった。

井上はその後、次官となって海軍省に戻り、再び米内大臣とのコンビでいちはやく終戦への工作に乗り出している。戦後、井上は横須賀

に引っ込み、世間とのかかわりを一切断って隠棲した。

戦後も随分とたった日である。柴垣は兵学校の仲間と、横須賀の、小高い丘にぽつんと建つ井上の自宅を訪れた日がある。口をきいたのはこの日がはじめてであった。兵学校時代とはまるで異なる、「好々爺」となった老人がそこにいた。同時に、この人物の内面から由来しているのだろう、きりっと背筋の伸びたたたずまいは終生変わらなかった。戦時中、井上がなぜ英語教育や一般科目を重視することを変えなかったのかに思い当たったのもこのときであった……。

広島・大竹に設けられた海軍潜水艦学校で、柴垣は終戦を迎えている。イ号、ロ号などの大型潜水艦はほとんど沈められ、わずかに〝沿

岸決戦用〟の小型潜水艦ハ号が残存していた。大竹から見れば北東、広島上空に炸裂した黄色いキノコ雲を目撃したのは、終戦九日前、八月六日早朝のことだった。

十月、部隊は解散となり、柴垣は大阪・住吉の実家に戻った。大阪駅からは徒歩であった。戦前、父はドライクリーニング業を手広く営んでいたが、空襲で灰塵となり、自宅庭に畑を開墾していた。ミツバチの飼育も手がけ、蜂蜜が米や芋との交換物資となった。

しばらく「呆然自失の日々」が続く。足が向いたのは天中のグラウンドであった。一年近く、柴垣は母校ラグビー部の「監督」をしている。正式には監督もいなければ部長もいない。OB連中が勝手に指導に当たるのが習わしであった。

岡はそれ以前から柴垣の顔を見知っているのであるが、柴垣にとって「岡君」を目にとめたのはこのときが最初であった。

一九四七（昭和二十二）年一月、西宮球技場で、四年ぶりに全国中等学校ラグビー大会が再開されている。参加校は八校で、北からいうと函館中学、秋田工業、成城尋常科、同志社中学、天王寺中学、神戸二中、松山中学、福岡中学。岡は五年生、ロックとして出場している。

成城との一回戦、三三—〇。福岡との準決勝、〇—三。六十年近く前のゲームになるが、その点数まできちんと岡は記憶していた。この大会、福岡が神戸二中を破って優勝している。

「天中や福岡の選手は坊主頭でしたが、成城と同志社は長髪だった。戦時中なら考えられんわけで、戦争は終わったんだと改めて思いまし

たね。福岡との試合はスクラムを押されて劣勢でした。チャンスはあったんだが、惜しい試合だったね……」

成城のメンバーには、戦後、日本ラグビー界が生んだ名SO松尾雄治（明大から新日鉄釜石）の父、松尾雄がいたことを、ずっとのちに知った。

柴垣に残っているのは、大会の成績よりも、「旅館代の心配」である。全国大会ということで、西宮市内の旅館に泊まり込んでいたが、福岡に敗れると即、旅館から撤収した。費用はOBたちのカンパでまかなっていたが、食糧難の時代、カンパはほとんど食費に費やされ、旅館代が切れてしまったからである。

この年の春、柴垣は京大法学部に入学している。大学時代、さらに卒業後、勤務先の神戸製鋼でラグビーを続けていく。昭和二十年代、社会人ラグビーは八幡製鉄の全盛時代で、神戸製鋼は有力チームのひとつにとどまっている。

戦後しばらく、京大ラグビー部は強く、同志社大との定期戦も勝ち続けていた。柴垣のポジションはSO。同大には、岡はじめ天中の後輩がいる。試合前に顔を合わせると、「おいおい、先輩へのタックルは手加減するんだぜ」というのが決まって口にするジョークであった。

一九五二（昭和二十七）年、オックスフォード大学が来日している。前年、全香港および在韓駐留ニュージーランド選抜チームが来日しているが、正規の国際試合としては戦後はじめてのことだった。秩父宮

と花園で日本代表チームが対戦しているが、ともに完封負けしている。花園での試合、柴垣は「京大ＯＢ」の肩書きでＳＯとして出場している。

「体格的なハンディもあったけれども、一人ひとりの技術もチームのオプション攻撃もレベルがまるで違っていた。タックルに飛び込んでもステップできれいに抜かれてころがされる。悔しいけれども子供扱いされて敗れたという思い出が残っていますね」

この試合を区切りとして、柴垣は現役を退く。以降、神戸製鋼東京支社に転勤となり、日本ラグビー協会アマチュア資格委員会の委員にも就いている。神鋼での仕事は輸出部に所属。またその後、関連会社の神鋼電機に移り、主に製鉄や発電の関連機械にかかわる輸出業務に

たずさわる。「北極と南極を除くほとんどの国々」に足を運んでいる。海軍とラグビー歴は仕事においても大いに役立った。第七十四期生の卒業生は千人。幸い戦死することの少なかった期である。柴垣と同じように、戦後、大学に入り直し、企業人となったものが多い。江田島の卒業生とわかると、電話一本で要件が済むことが多かった。

イギリス、ニュージーランド、オーストラリア、カナダ、南アフリカなどの英語圏では、相手の締めているネクタイ、あるいは雑談の端端からラグビー経験者であるとわかることがある。ラグビーの話題がからむとビジネス上の進行にも好都合であった。

神鋼時代、同志社大学ラグビー部監督となっていた岡とのかかわり

があるが、これはのちに触れたいと思う。

神鋼電機の役員・顧問を経て仕事を退いた柴垣は、郷里・高鍋に帰った。柴垣は大阪生まれであるが、父方の系譜は高鍋・秋月藩の藩士で、いまも白壁が残る武家屋敷街に伝来の土地が残っていた。そこに家を建て、老後の住まいとした。

この十余年、柴垣が打ち込んできたひとつに国際ロータリークラブがある。クラブの活動に、異なる国の間での、若い職業人の相互交流派遣がある。近年では、フィンランドとの相互派遣があって、宮崎、鹿児島に在住する四人——看護婦、新聞記者、県警科学捜査研究所員、宮崎市職員——のチームリーダーとしてフィンランドに滞在している。七十六歳の日である。

私が柴垣を訪ねていた日も、近々、イタリアからの派遣生が来るということで、ホームステイの段取りなど、多忙そうであった。

自身の人生を振り返って、残ったのは「三つのライフ」といった。ラグビー、海軍、ロータリーである。

「この三つは共通項があるんです。フェアプレーとチームプレー。ラグビーはトライをしたって、トライした奴がサッカーのように大仰に喜ぶことはない。他の十四人のラストランナーに過ぎないからです。こういう自己犠牲の精神。さらにインターナショナルな視点も共通している。まあ会社の仕事もそれなりにしましたが、人生の大事という意味では四番目か五番目だ。もう歳を取りましたが、それでも社会活動にかかわってなにかをやりたいと思って続けてきたのは、若い頃に

接したラグビーと兵学校のおかげですかな。一文の得にもならんわけで、アホウなことをやってきたもんだとも思いますが大きな得をしたといえんこともないでしょう。多くの友だちを残してくれたことを含めて……」

自宅に近い、焼き鳥屋の席で、地元の焼酎を飲みながら、柴垣はそういった。

海兵第七十一期から七十八期までの生徒有志が編纂した『井上成美』（井上成美伝記刊行会、一九八二年）のなかに、兵学校教育の講話として、井上の次のような言葉が残されている。

《現在、戦時ナルガ故ニ戦時体制等ト称シ、何事モ直チニ間ニ合フ事ヲ目標トスルコト国内一般ノ風潮ナリ。之ハ事柄ニ因ル。戦争ニ従事

スベキ軍人ノ教育ヲ行フ兵学校ニ於テ、コノ戦時体制ノ教育ヲ必要トナスガ如ク考ヘラルルモ、実ハ然ラズ。国家百年ノ計ヲ考ヘ、将来永久ニ益々発展スベキ帝国海軍ノ核心タルベキ将校ノ責務ニ思ヲ致ストキ、本校ノ生徒教育ハ、眼前ノ打算ニ禍セラレ、累ヲ遠キ将来ニ遺スガ如キコトヲナスベキニ非ズト認ム》

——戦時下ということで何事も即席に間に合うことを目標とする風潮があるけれども、事柄による。戦争に従事する軍人の教育を行なう兵学校においてはなおさら戦時体制の教育を必要とされるように思われがちであるがそうではない。国家百年の計を考え、将来永久に発展すべき帝国海軍の核心を担うべき将校の責務に照らし合わせて思えば、本校の生徒教育は、目先の打算に目を奪われ、禍根を将来に残しては

ならない――。

井上の講話には「国家百年の計」という言葉が散見される。この学校長の視線が、戦時下においてなお遠くを見詰めていたことがうかがえる。

井上の思想が、一人の第七十四期生の戦後の歩みに結びついているといえば短絡していよう。井上が意図したのは海軍士官が備えるべき教養であって、一般の民間人におけるそれではなかったであろうから。

それでも、撒かれた胞子は江田島を越えて散らばり、歳月を経て発芽していった。帝国海軍の至宝といわれた戦艦大和が何を残したかという問いには立ちすくんでしまうが、兵学校教育が、一人の〈国際人〉を生み残すことにかかわりがあったという思いはよぎる。教育と

いうものが、接したそのときではなく、長い時間系のなかで人の歩みに及ぼす潜在的なもののなかにあることを改めて思うのである。

3

天王寺中学を卒業した岡は、三高を受験するが失敗、浪人したのち同志社大学予科に進む。学制の切り換え期で、二年時、予科は大学となる。

京都市上京区今出川通烏丸東入ル。京都御所の北、今出川通りを挟んで同志社大学と同志社女子大学のキャンパスが広がっている。

正面入口に、創立者・新島襄の遺した言葉、「良心の全身に充満したる丈夫《ますらお》の起り来らん事を」を記した石碑が見える。上野《こうずけ》安中《あんなか》藩士。

幕末、国禁を犯して米国に密航、苦学して神学校を卒業する。維新後、岩倉使節団にも同行するが、明治政府の顕官となる道を選ばず、古都の地に同志社を創立した。チャペル、彰栄館、クラーク記念館など、重要文化財にも指定されている赤レンガの建物が並ぶキャンパスは、大学の古い歴史をしのばせる。

岡の入学は一九四八（昭和二十三）年、経済学部を卒業したのが五三年である。松川事件、朝鮮戦争、マッカーサー解任、レッドパージ、血のメーデー、映画「青い山脈」、ラジオ連続ドラマ「君の名は」、美空ひばりの「悲しき口笛」……。敗戦の余韻が色濃く残り、戦後という言葉が生々しく息づいていた時代、岡は学生時代を送っている。

ラグビー青年ではあったが、ラグビー一筋という学生ではなかった。

思い出を聞いていると、体育会系学生というより、ナイーブなよるべなき青年像が浮かんでくる。

終戦時の心の空洞はどこかに残っていて、行く先、はっきりとした人生設計は思い浮かばなかった。浪人時代から予科の頃、愛読書は織田作之助、坂口安吾、太宰治、芹沢光治良など。小説家になることを夢見た時期もある。

三高を受験したのは、京都にあることに加え、織田が在籍した学校ということもかかわりがある。坂口、太宰を含め、「可能性の文学」「破滅の文学」に心惹かれた。

新劇に凝った時期もある。文学座、俳優座、民芸、新協劇団などの公演があるとよく足を運んだ。ゴーリキーの「どん底」で、「人間は

死ぬまで生きるのだ」という台詞がひどく心に染みたのを記憶する。昭和二十年代を、戦後の混乱期、暗き季節としてのみ語れば一面的である。隅々まで及んだ旧時代の権威は地に落ちた。モノもカネも乏しかったが、町にも大学のキャンパスにも、ぽかんと青空が広がるような自由な空気はあった。借り物であれなんであれ、戦後民主主義は新鮮な息吹をもって迎えられた。

当時よく流行ったのはダンスパーティで、ラグビー部の仲間と、北野白梅町や祇園にあったダンスホールによく出向いた。ある日、のちに女優になる山本富士子が姿を見せた。彼女は府立高校生で、同級生が連れてきていた。グリーンのオーバーを着た彼女は噂にたがわず美形であったが、下級生には順番が回らず、がっくりしたものだった。

いかに生きるべきかに心を砕き、文学や映画や演劇にも惹かれ、また別段硬派でもないごく普通の若者——というのが岡の学生像であるが、多面的なものに関心を寄せ、吸収し得る青年であったことは確かだった。

それは、後年のラグビー指導者・岡仁詩の素地としていえば案外と大事な意味をもっている。すぐれたスポーツ指導者とは何かという問いにはさまざまな答えがあろうが、そもそも〈人間理解〉が乏しければ何事もはじまらない。自身、多感な青年であったことはそのことへの基礎的養分としての役割を果したはずであろうから。

今出川キャンパスの奥、いま同志社中学のグラウンドとして使われ

ているが、岡の入学時、大学ラグビー部の練習グラウンドもこの地であった。やがて新しい校舎が建ちはじめてグラウンドは手狭となり、ラグビー部のグラウンドは岩倉へと移転する。

左京区岩倉――。幕末期、尊王攘夷派の〝過激公卿〟として追われた岩倉具視がこの地「洛北・岩倉村」に蟄居し、倒幕の謀略を練ったことでも知られる。いまや住宅地となっているが、市内の北部、冬場は比叡おろしの寒風が吹きつけ、今出川が霙《みぞれ》なら岩倉は雪が降っていた。

授業が終わると、今出川通りを東へ歩き、鴨川を渡って出町柳へ。ここが始発の叡山電車に乗る。チンチン電車はゆっくりと北へ向かう。岩倉の地、いまは同志社高校の敷地となっているが、戦前は同志社

高商のあったところで、戦中、グラウンドは芋畑となっていた。そこをならしてグラウンドとしたのである。周辺は葦が生え、しばしばボールが消えてなくなった。

グラウンドからほど近いところに、コの字型の棟を持つ民家があって、ラグビー部員たちの下宿屋兼合宿所ともなった。岡も当初は大阪の実家から通っていたが、やがて下宿暮らしをはじめる。

グラウンドの向こうは民家の芋畑が続いていた。モノのない時代、しばしば、こっそり芋を掘り起こし、合宿所でふかして食べたものである。

学生さんなぁ、若い芋は掘りなさんなや――民家の婦人からそんな口調で苦情をいわれたことを覚えている。畑アラシも学生の悪戯で済

んだ。のどかな時代でもあった。

グラウンドが二面に増え、側に合宿所が建つのはのちのことであるが、やがて「岩倉」は同大ラグビー部の代名詞となっていく。

こと関西では無敵――というのが同大ラグビーのイメージであるが、戦後しばらくそうではなかった。京大、関西学院、立命館などと勝ったり負けたりのチーム力で、岡の時代もそうであった。岡がバイスキャプテンをつとめた大学四年生時、ようやく関西で全勝している。部員の数はまだ少なくて四十人前後。岡のポジションはFW第三列のフランカー、あるいはナンバー8。練習ではセンターやSOもつとめた。

この時代、もちろん大学選手権や日本選手権はなく、ラグビー伝統

校にとっては定期戦が最大目標であった。同大にとっては、関東の対早稲田・慶応・明治戦である。立教とも定期戦を組んでいた。四年生時、立教・早・慶にはいずれも惜敗。秩父宮で行なわれた対明大戦は、一〇―九二で大敗している。ラグビーゲームはチーム力に差があると大きく点数が開くが、それにしても屈辱的敗戦である。明大FWに押しまくられ、ゲームにならなかった。

明大を率いていたのは北島忠治である。試合後、北島からこういわれたことを忘れがたく記憶している。

「同志社は相撲からはじめて足腰を鍛えたほうがいい」

屈辱ではあったが、不快なものはなかった。北島の、相手チームを思いやる気持が伝わってくる物言いであったからである。

相撲部で鳴らした北島が、助っ人として請われてラグビーに転身したことはよく知られている。一九二九（昭和四）年、大学卒業と同時にラグビー部監督に就任。以降、九十五歳で亡くなるまで、六十数年に渡り明大ラグビーの総帥であり続けた。タテへ――。標語は、北島が貫いたラグビー観とその人となりを表現している。

「北島先生」――敬意を込めた言い方で、岡はそう呼ぶ。のちの日、日本代表チームの合宿などで、北島と顔を合わすことがよくあった。北島はおよそ作戦的なことを口にせず、その意味では岡とは対極にある人物であったが、人格的なものを含め、若き日から後々まで、この人物に岡は好意を抱き続けた。

大学時代、岡は「師」といっていい人物とめぐり合う。星名秦《ほしなしん》である。この人物を抜きに岡のラグビー人生は考えられないほどの影響を受けたが、星名その人、およびそのかかわりは次章に譲りたいと思う。

大学を卒業した岡は、実家の仕事、メリヤス業の手伝いを続けていく。進んで選んだ仕事というよりは「そうするもんだと思って」であった。戦前はリヤカーにセーターを入れた箱を積み込み、自転車で引っ張って問屋に運んだものであるが、運送手段はオート三輪へと変わっていた。

家業はまずまず順調で、従業員も三十人前後と、戦前よりも大きくなっていたが、岡自身、あまり商売熱心ではなかった。酒好きでもないのに、出入りする問屋の親父サン連中とともにキャバレー通いもし

た。大阪ミナミのキャバレーに勤める子持ちのホステスに惚れ込み、母を泣かせた日々もあった。

二十代の後半期、家業に携わり、遊び事も覚えつつ、いまだ学生時代の気分が抜けない。どこかで人生の目標を探しあぐねている感があった。気晴らしはもっぱらラグビーだった。

大学卒業後一、二年の間、ケンブリッジ大学、ニュージーランド在韓部隊選抜チーム、極東英連邦軍選抜チームが来日しているが、全関西チームのフランカーとして出場している。極東英連邦軍選抜対全関西の試合は、一八―一五で全関西が勝っているが、ノーサイド間際、逆転のトライボールを押さえ込んだのが岡だった。

ジャージーを着るのはこのゲームを区切りとしたが、ラグビーとの

かかわりは続いていく。

一年間、岡は母校・天王寺高校ラグビー部の「監督」を引き受けている。仕事に出向くときとは違って、足取りが軽い。週二回午後三時からという約束であったが、その日の午後になるとそわそわしてくる。ラグビーを教えるということ、そして、生徒たちが教えたことを身につけていくのを見るのが好きだった。

またこの時期、レフェリーとして笛を吹いている。早大と関学の定期戦、あるいは一九五七（昭和三十二）年度の全国高校ラグビー選手権や富山国体で、レフェリー名簿に岡の名前が残っている。レフェリーは反則を取る人というイメージがあるが、ラグビー・ルールを緻密に掌握していることはもとより、ゲームをコントロールする目と判断

力が求められる。ラグビー指導者には大切な要件である。

コーチにしろレフェリーにしろ、もちろんボランティア――という言葉もない時代であったが――であって、好きでなければ出来ないことである。

人が、生来宿すものに自身が気づくのはなにかと出会うことによってであろう。二十代後半の一時期、ラグビーから離れた日々もあったが、生涯を通してかかわるラグビー指導への潜在的な準備期であった。

やがて同大ラグビー部の監督の口が持ち込まれる。部指導部の若返りが求められていた。時間の自由がきく仕事ということもあったのだろう、「たまたま」岡に白羽の矢が立った。もう一人候補者がいた。岡と天中からの同窓生、門戸《もんと》良太郎である。門戸は近鉄に入ったが、

この時期、近鉄ラグビー部の監督就任が決まり、岡にお鉢が回ってきた。

一年間という約束で、水土日の週三日グラウンドに通った。あくまで「余暇に」という気持であったが、やがて家業を三歳下の弟にまかせ、岡は大学ラグビーのコーチングにのめり込んでいく。

監督就任は一九五九（昭和三十四）年四月、二十九歳。青年監督の誕生であった。皇太子（今上天皇）と美智子妃の結婚祝賀パレードの放映によってテレビ（白黒）台数が飛躍的に伸び、中京地区が伊勢湾台風によって甚大な被害を被り、日米間の安保条約改定が大きな政治問題として拡大していた年である。

第2章　源流

1

一九八〇年代の半ばから今出川にある同志社大学の工学部と教養部門が田辺町へ移転していく。運動部の各グラウンドも、新校舎の奥、山林を切り開いた丘陵地につくられた。保健体育の研究室にはじめて岡仁詩を訪ねたのは八九年秋で、研究室の入る磐上館《ばんじょうかん》も真新しい建物だった。

岡が研究者の道を歩みはじめるのは、ラグビー部の監督になって三年後である。当初は体育授業の講師となり、体育学、運動生理学などを一から勉強した。教授就任は一九七五（昭和五十）年である。

研究室の本棚の一角に、『ラグビーワールド』『ラグビーポスト』など、イギリスやオーストラリアで刊行されているラグビー雑誌がぎっしり積み重ねられていた。相当黄ばんでいて、発行年時を見ると一九六〇年代から七〇年代。その束の横に、日本語に訳した青焼きの原稿も並んでいた。

《ウェールズ対フランス。一一―三、一九六九年、試合場パリ……》

達筆で、几帳面な字で、翻訳者の人柄が伝わってくるようである。

「星名先生は、元は熱力学の専門家ですからね。生真面目な性格が字にも現われていますよね」

星名秦――。同大工学部教授から工学部長、同大学長もつとめた研究者であるが、星名がその人生の後半期、大半の情熱を傾けたのはラ

グビーだった。岡のラグビー人生に決定的な影響を及ぼしたのはこの人物であった。

二人の出会いは、岡の大学一年生の秋、星名は同志社工専（のちの工学部）の教授であった。端正な顔立ちの、長身で白髪の男が今出川校舎のグラウンドに立っていた。

「シュア・キャッチ！」

それが、岡が耳にした星名の第一声であった。ボールをしっかり捕球せよ、ということである。ラグビープレーの基礎中の基礎である。のちの日、岡は選手たちに向かって、しばしば同じ台詞を口にするようになるが、そのつど星名との出会いがふっと脳裏によぎるのであった。

岡の大学入学は一九四八（昭和二十三）年であるから、星名はまだ四十代半ばである。が、白髪のせいか、胃痛と顔面神経痛の持病があったせいか、学生たちには星名はもう初老の男に映った。顔を歪め、そういわれたことを記憶にとどめている。

星名のラグビー指導は新鮮だった。「十人スクラム」もそのひとつ。スクラムは、第一列が三人、第二列が二人、第三列が三人、計八人で組む。それ以外のスクラムがあるとは思いもよらない。ところが、当時のルール上の決まりでいえば、対面した三人が組むとあるだけである。FWが弱ければ十人で、逆に、強ければ五人で組んで、残り三人はバックスに回ればいいというのである。

サインプレー、ショートラインアウト、カウンターアタック……。

いまや高校ラグビーにおいてもあたりまえのプレーとなったラグビー用語を、岡がはじめて耳にしたのも星名からだった。

星名はFW・バックスのポジションにもこだわらなかった。岡がSOやセンターをつとめたのもこのせいである。ラグビーとは十五人のメンバーが、ボールを持って走り、蹴り、パスワークを駆使し、一体となって前へ進んでトライを目指すもの。戦法はまったく自由、これをしてはいけないという決まりなどない——。

岡が天中で仕込まれたのは、スクラムを押し、怖れずにタックルに飛び込み、走力とスタミナをつけるという基礎プレーの繰り返しだった。練習は辛くて厳しいもの。それがラグビーであると思い込んでいた。

　このことはラグビーだけではないだろう。学校スポーツでは常に、「形」と「基礎」が重視される。それはそれで大事なことではあるが、自己目的化されがちだ。岡の天中時代からの同窓、門戸良太郎のポジションはSH（スクラムハーフ）であったが、星名からいわれ、しばしば股下からボールを投げた。「形」を重視するラグビーではありえないプレーだ。だが、一瞬でも速くSOにボールを渡すのが目的であるなら、頭上からでも股下からでもいい。

　ラグビーってこんなにも自由なのか――。星名のコーチングは、ラグビーに新たな目を開かせる啓示となった。

　星名はコーヒーが好きで、また話好きだった。岡たちを寺町三条にあった喫茶店「スマート」に呼び寄せ、スプーン片手にさまざまなフ

ォーメーションを指し示して、語り続けた。

岡が星名から学んだことはテクニカルなことだけではない。星名はラグビーというスポーツに確固とした哲学をもっていた。

ラグビーは格闘技という要素があるが、求められることは「勇気」であって、もとより「乱暴」ではない。ルールを厳格に守り、フェアプレーを尊び、ラフプレーを忌み嫌った。「ラグビーは紳士のスポーツである」という言葉をよく口にした。「たとえ相手が汚いプレーをしてきても諸君は決してそれに同調してはならない」ともいった。

岡の学生時代、チームの主力メンバーがゲームでラフプレーをした。星名は以降、その選手を試合に出場させなかったことはもちろん、しばらくの期間、練習に参加することも禁じてしまった。

この点でいえば厳しい〝監督〟であったが、自身にも厳しかった。グラウンドが凍てつく冬場も、体に毛布を巻きつけて立ち続けていた。胃痛持ちで、常に漢方薬を持参していた。顔が歪んでいるときは痛みをこらえているのだろうと思われたが、それでもなお、グラウンドに一歩入ると座ることはなかった。

手もとにある『同志社ラグビー七十年史』をひもとくと、一九一一（明治四十四）年以降、歴代ラグビー部の部長、監督、主将、副将の名前が――空欄もあるが――列記されている。部長は教授が、監督はOBがつとめるのが通例であるが、岡の在学時、監督欄には「コーチ星名先生」とのみある。肩書きを嫌う星名の意向であったろうと思われる。

私は諸君の監督者ではなく、ラグビーの一先輩です——というのが、同大および京大の教え子たちが記憶している星名語録のひとつである。試合のハーフタイム。スタンドから監督がグラウンドに降り、選手たちに指示を与えるのは定番となった風景であるが——選手の交代が認められるようになった昨今では携帯を持って指示する風景も増えたが——、星名は下りて行かなかった。ゲームがはじまれば指揮権限は主将にあるという考えからである。岡がスタンドを動かない監督であったのは星名流を踏襲したものである。また後年、岡が「監督」という名を好まなくなったのも、自然と師の志向と重なっていったといえるかもしれない。

2

住所でいうと、京都市上京区寺町今出川上ル二丁目西入ル毘沙門《びしゃもん》町。同志社女子大学の構内に、「デントンハウス」と呼ばれる木造の洋館があった。昭和二十年代、洋館は珍しい建物であった。ときおり、白髪の男、その母とおぼしき年輩の婦人が出入りしていて、さらに原色の目立つ布地をまとった白人の老婦人を見ることもあった。

夏、門前の木々に蟬が鳴いている。網を持った少年がたたずむ日もあった。

「ボン、中に入るか。もっといるぜ」

通りを挟み、デントンハウスの向かいの家に住んでいる少年に、白

髪の男がそう声をかける日もあった。

白髪の男は星名秦、年輩の婦人が女子大で家政科の教鞭をとっていた秦の母・星名ヒサ、白人の老婦人がメリー・フローレンス・デントンという名前の宣教師であったこと、少年の日々から半世紀もたったいま、はじめて私は正確に知った。

ここに至るまで、星名の遍歴は波乱に富んでいる。それはまた、後年のラグビー人生の背後にひそむ影絵のように映る節もある。星名の歩みを追ってみたい。

テキさん——星名を知る老世代はそう呼ぶ。星名の生まれがテキサスのヒューストン郊外であることに由来している。

父・星名謙一郎、母・ヒサはともに愛媛の人。伊予吉田伊達藩の士

族であった星名家は明治の世になって没落するが、子弟を東京の学校に通わせる余裕はあったようである。謙一郎は青山学院の第一期の卒業生である。

謙一郎は冒険家だった。明治三十年代半ば、海外雄飛を試み、ハワイへ、次いでテキサスへと渡る。ヒューストンで生まれたのが秦である。ハワイでは邦字新聞を刊行し、ヒューストンでは牧場と水稲づくりに励んだ。秦が三歳のとき、一家はいったん帰国している。その二年後、謙一郎は再び単身で渡米、さらにブラジルへと渡り、再び日本の土を踏むことはなかった。

残されたヒサは同志社女専に職を得、秦とその妹・幸子を育てる。幸子はのち、考古学者・江上波夫の妻となっている。ミス・デントン

は戦時中も日本に留まったアメリカ人宣教師。クリスチャンであったヒサはデントンの世話係ともなり、二人の女性は終生、デントンハウスで生活をともにした。

テキこと星名秦はこの家から京都府立一中に通い、三高、京大へと進む。同世代の一中・三高・京大組には、初代南極越冬隊長をつとめた西堀栄三郎、棲み分け理論を提唱した生態学者の今西錦司、ノーベル賞を受賞した物理学者の湯川秀樹などがいる。

学生時代、星名のスポーツ歴は輝かしい。

一九二七（昭和二）年、ラグビー部の主将をつとめた四年生時、京大は定期戦を組んでいた東大・慶大・早大を破り、初の全国制覇を果している。もとより大学の選手権などない時代であるが、ラグビー史

では主要大学の定期戦の勝者がその年度の全国制覇校とされている。

星名のポジションはセンター。この当時、京大チームのコーチにあたっていたのが、戦後、日本ラグビー界のドンであり、日本ラグビー協会会長をつとめた香山蕃《かやましげる》である。後年、岡は「星名君のような選手こそ国際級のセンタースリークォーターだった」という香山の言を記憶している。

香山も京都の人である。府立一中から同志社予科・三高を経て東大に進むが、「ラグビー狂」ともいうべき若者で、行く先々でラグビー熱を植え付け、一中および東大におけるラグビー部の創設者ともなっている。

大正末、香山は英国に滞在、帰国後、洋行帰りの新戦術を京大チー

ムに教え込んだ。それまでＦＷは七人で組んでいたものを「エイトスクラム」とした。

星名など逸材を得て、京大はこの年以降、三連覇を果している。星名とともにセンターのポジションにあったのは宇野庄治（のち読売巨人軍代表）、ウイングは進藤次郎（のち朝日新聞社専務／日本ラグビー協会副会長）である。

星名は運動万能で、陸上部にも所属していたが、四年生の夏、上海で開かれた極東オリンピックの五種競技（二百メートル、千五百メートル、円盤投げ、ヤリ投げ、走り幅跳び）で優勝している。当時の新聞には、十種競技の優勝者・織田幹雄と並び、「織田、星名が大活躍」という記事も見える。

工学部機械科を卒業した星名は満鉄（南満洲鉄道）に入社した。星名の満洲の地における滞在は長く、二十余年続く。

京田辺市にある同志社大学キャンパスの外縁、教職員の家々が並ぶ一角がある。星名の長男、星名倫《ひとし》の自宅もある。

謙一郎―秦の血筋を受け継いだといっていいのか、倫の経歴も起伏に富んでいる。同大文学部英文科を卒業後、同志社女子中高校の英語の教諭となる。大学の卒業年次でいえば岡より四学年下である。倫は学生時代、射撃部に所属、アジア通信競技選手権（のちのアジア選手権）で優勝したりしている。その後、運動生理学を学んで医学博士となり、大学の保健体育担当の教授となった。いまは退職して名誉教授。

父・秦の健在時、岡はしばしば自宅にやってきて父とラグビー談義を繰り返して長居をした。秦と岡も親子ほど歳が離れているが、ウマが合うのだろう、岡が来るといつも父の機嫌は良かった。倫は岡とは同世代、自然と近しい間柄となった。のち保健体育の同僚ともなり、いまも家族ぐるみの付き合いが続いている。

星名一家がデントンハウスに住んでいた時代、私も、若き日の「星名先生の息子さん」をおぼろげに見知っている。半世紀ぶりの〝再会〟、柔和な笑顔に遠い記憶がよぎった。

倫は一九三三（昭和八）年、大連の生まれである。母・梅子は松山の人で、同志社女専でヒサの教え子であった。

父・秦は大連機関区に所属、機関助手、つまり機関車の「釜焚き」

からはじめて各現場を回り、やがて車輌の技術開発職についた。長男・倫が生まれてまもなく、二年間、ドイツを中心に欧米留学をしている。ディーゼルエンジン、ボールベアリング、熱力学などの分野はドイツがもっとも進んでいたからである。

星名は戦前の新幹線、「あじあ号」の車輌設計にもかかわっている。パシナ型と呼ばれた最大級の蒸気機関車で、冷暖房を完備し、最高時速百三十キロのスピードで、大連―奉天（瀋陽）―新京（長春）間、七百キロ余りを八時間半で走破した。最新技術の粋を集めた夢の超特急だった。

星名は満鉄における階段を登っていく。大連機関区技術主任、奉天鉄道局運輸課長、斉斉哈爾《チチハル》鉄道局運輸部長、本社鉄道総局運転課長

ったている。……。斉斉哈爾時代には、勃発したノモンハン事件の軍事輸送にあたっている。

満鉄の職場は、日本人と「満人」と呼ばれていた中国人が混在していた。彼らを掌握できなければ現場の仕事は進まない。力自慢のリーダー格の「満人」がいて、彼に星名がレンガ投げ競争で勝ってから「満人」たちに見直されたという話を倫は記憶している。

星名は満鉄のエリート社員ではあったが、エリート風を吹かすことは好まなかった。幹部社員の制服には職場の階級を示す襟章があったが、「かなわんな」といいつつ、襟章をポケットに入れて出勤する父の姿を覚えている。権力をかさに威張る関東軍将校を毛嫌いしていた。

ずっと後年、星名が同志社大学の学長に就任したときのこと。学長

室に机を置くことを好まず、一時期であったが、教務部の大部屋に机を置いて仕事をした。

形式主義、権威主義、威張り主義という類のものを星名は嫌いだった。そのラグビー思想もまた、星名その人の生き方のスタイルに由来していたように思える。それは生来のものであったのだろうが、クリスチャンであった母・ヒサの影響、デントンハウスと同志社という環境、技術畑出身の合理主義、欧米社会を見聞きした体験など、さまざまなものが加味されているのだろう。

星名は、毎日曜日、必ず教会に出向くというクリスチャンではなかったが、後年、同大学長になるにあたって洗礼を受け直している。学長が歴代クリスチャンであること、自身、幼時のころに洗礼を受けた

はずだが記憶にないということで再洗礼を受けた。満洲時代、星名がよく賛美歌を口ずさんでいたのを倫は耳にしている。

終戦を前に、ソ連軍が満洲に雪崩込んできた。星名は本社運輸局次長。倫の満洲での記憶は、この前後に集中して残っている。

星名一家の社宅は奉天にあって、満鉄の幹部が住む敷地の広い家だった。この時期、秦は単身、新京に赴任、奉天の家には母・梅子、倫、妹の明子が残された。混乱続く日々、父との連絡は取れなかった。

占領軍として真っ先に進駐したのは悪名高き丸坊主の〝囚人部隊〟。マンドリン型の自動小銃をきまぐれにぶっ放し、そのつど邦人の犠牲者が出た。女性たちは顔に墨を塗り家々の床下に隠れた。

星名の家にも、一日、何回となく囚人部隊がモノ漁りにやってくる。めぼしいものはなんでも持ち去った。彼らは腕時計をはめたことがないのか、手首に幾重にも強奪した時計をはめ、部屋部屋を物色しては荒らしていく。無頼漢たちだった。

やがて一家は社宅を追い出され、転々としたが、最後、奉天郊外に小さな住居をあてがわれた。周辺には、鉄道関係者の家族たちが集められた。

星名は新京で拘束され、そのままソ連軍に留用された。満鉄は解体させられ、幹部社員のなかには銃殺されたものもいるしシベリアの収容所《ラーゲリ》送りとなったものもいるが、星名は免れた。列車運行のプロとしての腕が買われたのである。

ソ連軍にとっても、軍事輸送および〝ダワイ（寄越せ）輸送〟に、鉄道を滞りなく動かすことは至上命令である。その責任者に指名されたのが星名だった。以降、一年半、ソ連軍大佐の指揮の下、星名はダワイ輸送、邦人の引き揚げ輸送など列車運行に奔走した。

心痛と屈辱の日々であったろう。終戦後の月日は、星名の精力をすべて奪い取ったようである。スポーツマンであった頑健な壮年の男は一気に老い、髪はすべて白髪となった。後年、持病となる胃痛、顔面神経痛、吐血、結核などの病もこの時期、体内に巣くったものだった。

ようやく留用を解かれ、家族と合流し、引き揚げ船で佐世保に上陸、母の待つ京都のデントンハウスに帰還したのは一九四七（昭和二十二）年十一月である。夢はせた満鉄の事業は幻のごとく消え去り、無

一文の帰国だった。四十四歳であった。

3

帰国後、星名は京大工学部時代の恩師の紹介で同志社工専に職を得る。体力が回復してから、ぽつぽつ今出川のグラウンドに姿を見せるようになった。岡仁詩との出会いは、星名の側からいえば帰国翌年のことである。

岡が同志社大学ラグビー部監督に就任して以降しばらく、星名は「同志社のことは岡君にまかせた」といって、しばらく母校・京大ラグビー部のコーチに精を出した。星名の教え子たちが両大学にまたがっているのはこのせいである。

岩倉のグラウンドに姿を見せない時期もあったが、星名と岡は教員同士でもあり、今出川の校内では毎日のように顔を会わせ、ラグビー談義を繰り返していた。

星名は一九六一（昭和三十六）年、イギリスに滞在している。名目は機械工学にかかわる学術研修であったが、成果は〝ラグビー学〟の習得のほうが大きかったようである。

イギリスのラグビー文献を渉猟し、帰国後も丸善からラグビー雑誌を定期的に取り寄せた。面白そうだと思う記事があると岡に手渡す。数日後、「読んでくれたかい。あれ、使えそうだからやってみようか」と誘いをかける。

星名は海外事情に詳しかったが、単にモノマネの人ではなかった。

情報を収集して咀嚼《そしやく》し、工夫を加えるアイディアマンであった。最初の相談相手を岡がつとめる。理工学研究所の所長室、あるいは今出川にある喫茶店「クローバー」が、二人だけの〝ラグビー教室〟となった。

岡はこの後、同大ラグビーの、また日本代表チームの監督として何度か海外遠征を重ねていくが、相手チームの情報収集に不足することはなかった。「星名メモ」があったからである。

ラグビーとは自由に考え創造するもの――。岡が星名から受け取った最大の遺産である。

体のデカイものはＦＷ、足の速いものはバックスというイメージがあるが、強くて走れるメンバーを十五人選び、それからポジションを

当てはめたことがある。SHとSOはもちろん、FWのフランカーとセンターの入れ替えなどもよくしてみた。

ダイレクトフッキング、シザース、FB（フルバック）のライン参加、サイド攻撃……いま当たり前のように使われているラグビー戦術の多くは、星名・岡のコンビから生み出されている。


星名・岡を指して、〝実験ラグビー〟を試みているという声があった。口の悪い人は、学生ラグビーを実験台にしているともいったが、確かにそういう傾向もなくはない。

岡のいう「新しもん好き」ということで二人は共通していた。さらに京都人のラグビー先達者、香山蕃もすこぶる新しもん好きであり、

これには京都という土地柄がかかわっているのではないか。

日本のラグビーは、一八九九（明治三十二）年、慶応義塾で英語の教員をつとめたエドワード・B・クラークが塾生たちに教えたことをもって嚆矢とするが、その後十年余り、他の学校には普及しなかった。

ボールを蹴ってシュートを決めるサッカーは、生まれてはじめて見た人がいたとしても、ゲームの仕組みはなんとなくわかるであろう。ラグビーはどうであろうか。明治の時代、これを見た人たちには実に奇妙なるものとして映ったのではあるまいか。

明治も終わり近くになって慶応から京都へとラグビーの種が飛ぶ。『日本ラグビー史』によれば、塾生・真島進の妹が三高生・堀江宇吉の婚約者で、真島が京都にやってきたとき堀江にしきりにラグビーの

面白さを説いた。三高有志がやりはじめ、同志社へと伝わっていく。大正年間に入ると早大、東大、明治、立教、法政など関東の学校がラグビー部を発足させ、全国化していく。

全国中等学校ラグビー選手権大会は一九一八（大正七）年からはじまっているが、第一回大会から十一回大会まで、すべて京都の中学が優勝している（同志社中学が九回、三高が一回、京都一商が一回）。第一回大会の参加校は、全慶応、全同志社、三高、京都一商の四校。以降も京都一中、立命館中などを加え、参加校の多くを京都の中学が占めた。優勝校を独占するのも当然であるが、京都のラグビー熱がいかに高かったかがうかがえる。

古色蒼然たる歴史を引きずりつつ、古都・京都は意外と新しきもの

が生まれ、受け入れる地でもある。

明治の世となり、遷都がなされて京都は一時期衰退したが。琵琶湖から水を引いて長大な疏水路と水力発電所が開設された。これにより、全国に先駆けて電灯が灯り、道路が拡張されて市電が走り、新しい産業都市ともなった。近年でいえば、京セラ、オムロン、村田製作所、任天堂、堀場製作所など、先端技術をもつ企業が生まれてきたのもそういう風土とかかわりがあろう。京都のＤＮＡはラグビー世界でも流れている。

新しいとは、実験的ということである。成功するとは限らない。勝利を至上のものとするラグビー伝統校なら〝実験ラグビー〟は嫌われ、新しい芽は摘まれがちだ。ＯＢの目もうるさい。その点、京都にある

大学であることが幸いした――。そう岡もいう。

星名の博学ぶりは広く知られるところとなり、一九六〇年代の半ばから、星名は日本ラグビー協会・競技規則制定委員会（ルールコミッティ）委員、さらにのちの日本代表チーム強化委員長に当たる技術委員長にも就いているが、表に出るのはいやがる人だった。

一九六四（昭和三十九）年、イングランド協会の名コーチ、ドン・ラザフォードを中心とするスタッフが『ガイド・フォア・コーチズ』全十巻を刊行する。ラグビーのコーチングにおける世界のスタンダードとなった教科書だった。

岡によれば、それまで、大学・社会人を含め、日本の各チームは、

先輩の教えを頼りに、それぞれのチームカラーを受け継ぎつつ手探りで指導していたのが実情だった。

サッカーの場合、東京オリンピックを前にして、日本サッカー協会は西ドイツのコーチ、デッドマール・クラマーを招いた。そのコーチングが以後、日本サッカーを牽引する指導方針ともなったが、ラグビー界にはそういうお手本はなかった。

星名はいち早く『ガイド・フォア・コーチズ』を入手し、門下生たちの協力を得て翻訳し、日本ラグビー協会のもとで刊行している。これによってはじめて、近代的なコーチングシステムが確立された。

一九六四年はラグビーの大幅なルール改正が行なわれた年でもあった。ラグビー協会のもとで翻訳文が出されようとしたが、特有のラグ

ビー用語があってよくわからない箇所があった。

たとえば「ピール・オフ・プレー」という言葉。英和辞典には、ピール・オフとは、編隊を組んだ戦闘機が降下体勢に入って編隊から離れることなどとある。これが何を意味するものなのか、誰もわからない。英語学者に問い合わせてもよくわからない。

岡にも話が伝わってきて、星名のもとを訪れた。星名はすぐ『モダン・ラグビー』に記されている図を探し出してきて、岡に示した。ラインアウト上のプレーで、スロアーが投げ入れてはじまるボール争奪戦、他のFWプレーヤーが列を離れてサポートプレーに回り込むことを認める改正点がそう表現されていたのであった。

謎を解いたときの星名のにこにこ顔が、いまも浮かぶ。

一九六〇年代後半から七〇年代初頭、大西鉄之祐監督率いる日本代表チームは、海外の強豪チームと接戦を繰り返し、また歴史的勝利も得た。このことは次章に譲りたいが、星名の地味な努力がその礎としての役割を果したといってもいいだろう。

4

京都大学ラグビー部の練習グラウンドは、北部キャンパス、通称農学部グラウンドにあったが、一九六〇年代半ば、宇治市黄檗《おうばく》にあるグラウンドに移転した。

近年、ラガーマンの体は大きくなった。相撲部かバスケット部の部員かと見まがう大男も珍しくないが、ここではほっそりとした体軀の

若者が目につく。部員五十数人。入学後、はじめて楕円球のボールに触れたという部員もいる。

三高時代を含めていえば、京大は慶応大に次ぐ老舗のチームであるが、近年は関西大学ラグビーBリーグで活動を続けている。有力な高校生選手の勧誘ができない国立大学のこと、いたしかたないことであろう。紺一色の布地、胸に白くライオンのマークを縫い込んだジャージーは昔のままだ。

この十余年、監督にあるのは市口順亮である。この名はラグビーファンの間ではよく知られている。京大ラグビー部監督としてよりも、新日鉄釜石黄金時代の影の演出者としてである。

グラウンドの隅に立つ市口は、細かいメモを記したA4用紙の束を

手にしていた。ボールの軌道を計算した数式、あるいは相手FWの圧力をそらす〝衝突力学〟を計算したメモもある。いかにも技術者出身らしい。「学生たちに、先生、また実験ですかといやがられるのですが」と笑う。

市口のルーツをたどると、星名に突き当たる。同大の岡と同じように、京大における〝星名学校〟の優等生が市口だった。

市口は大阪の出身。府立大手前高校から京大工学部に入っている。ポジションは高校時代からナンバー8。入学は一九六一（昭和三十六）年。岡が同大チームを率いはじめて三年目、星名がもっぱら農学部グラウンドに通っていた時期である。

ムギワラ帽かソフト帽をかぶり、細身の体軀にポロシャツとズボン、

ひょうひょうとした感じの老人がグラウンドを徘徊している。帽子を取ると白髪だ。

誰だ、あの人は？――それが市口に残っている星名の初印象である。

やがて、部のＯＢで、戦前、名選手であったこと、内燃機関を専攻し、同志社大学の工学部長であるが京大工学部の講師も兼ねていること、ラグビー学者とも呼ばれる人物であること――などを知っていく。

部員たちは、面と向かえば「先生」と呼んだが、陰では「星名ハン」あるいは「ジイサン」と呼んでいた。ジイサンという呼び名には、言外に、かなわんなぁ、というニュアンスが込められていた。グラウンドでの話が長く、スローモーションを交えた実技指導が繰り返された。それはいいとしても、内容が高度

でよくわからない。市口のように高校ラグビーの体験者はともあれ、ラグビー未体験の新入部員にはチンプンカンプンだった。

農学部グラウンドは、周りを陸上のトラックが取り巻いている。部員のレベルが学生ラグビーのレベルに達していなかったせいだろう、夏場になるとよく、星名は陸上競技の練習もほどこした。いわば大学院の教授が高校生の教官をつとめている感もあったが、星名にとっては学生のレベルは関係ないようだった。この人はラグビーそれ自体が好きなんだ――市口はよくそう思ったものである。

星名伝達のオリジナル戦法はいくつかある。

京大ＦＷは軽量だった。重量ＦＷに対抗する手段として、バインディングを固め、ＦＷ八人の押すベクトルが前列中央のフッカーに集ま

るように教え込まれた。名づけて「ヤジリ戦法」。あるいは、ラインアウトで、ボールをはたいて落とすタップパス。これも力量が劣るＦＷには有効だ。星名が京大チームに教授したのは〝弱者の戦法〟であった。

このころ、同志社大は第一期黄金時代を迎え、とりわけＦＷの突進力はずば抜けていた。中心選手の一人がプロップの宮地克実であったが、京大との定期戦、どういうわけかスクラムで京大の軽量ＦＷを押し込めなかったという記憶が残っている。なお、両大学に足跡を残す星名を偲び、その死後、同大―京大の定期戦は「星名杯」という別称が付与されている。

コーヒーと話好きは京大でも同じだった。よく出入りしたのは、百

万遍界隈にある喫茶店。四年生時、市口は主将になり、星名の薫陶を受ける第一生徒ともなった。

日本のラグビーは三宅八幡からはじまる——という星名の言葉を市口は記憶している。

この頃、星名はデントンハウスを出て、岩倉に近い左京区上高野小野町に転居していた。最寄り駅は叡山電鉄・三宅八幡で、近所に三宅八幡という神社があった。

枯れた風情の老人が、密かに抱いていたプライドと自負が伝わってくる。

市口が星名とともに過した日々、良き思い出は二年生時、秩父宮での早大との定期戦に勝利したことである。早大の強い時代ではなかっ

たが、大いに意気は上がった。市口自身、ラックからのこぼれ球を拾ってゴールポスト中央にトライをした。

四年生時には、主だった定期戦での勝ちゲームがなかった。とりわけ東大戦が引き分けに終わったことに星名は立腹し、こんなテイタラクでは早慶明とやる資格がない、と口走った。星名は癇癪《かんしゃく》持ちでもあった。

大学を卒業、市口は富士鉄釜石（のちの新日鉄釜石）に入る。高炉の技術者として歳月を送るが、「ラグビー七割」の生活を送る。一九六九（昭和四十四）年度、釜石が日体大と日本選手権を争い、敗れた試合をもって現役を退いた。この年はプレーイングマネージャー。翌

年監督となり、社会人全国大会で初優勝（リコーと同点優勝）を果した。その後、副部長、部長を歴任し、釜石黄金時代を準備するが、そのことは後に触れよう。

釜石も星名とのかかわりがある。

市口の入社時、ラグビー部長は工学部の先輩で、社内に星名を知る人が何人もいた。星名のルートで、同大や京大のラグビー部が釜石で合宿を行ない、ゲームをすることもあった。星名はプライベートな旅行でも釜石に滞在した。

市口のもとに星名からよく資料が送られてきた。『ガイド・フォア・コーチズ』は原書のまま送られてきた。市口が釜石から東京に出る機会があると必ず、日本橋の丸善に立ち寄り、『ラグビーワールド』

や海外の専門書を購入する癖がついたのも、元はといえば星名とのかかわりからだった。

　東北健児たちの若いエネルギーが釜石V時代の原動力であったが、同時に、もっとも新しいラグビーを身につけていたのが釜石チームだった。その源流をたどると、農学部グラウンドに立っていた白髪の老人へと行きつくのである。

　市口の仕事での来歴を追えば、V時代のはじまりのころは製銑工場長。V5を見届けたのち、中国・宝山製鉄所の技術指導に出向き、新日鉄広畑への出向時代もあった。その後、釜石に戻り事業開発推進部長となるが、製鉄業は冷え込み、高炉の火は止まっていた。新規事業の開拓として、廃熱を利用したランの温室栽培なども手がけている。

釜石ラグビー部の隆盛時代も過ぎ去っていた。

一九九二（平成四）年、市口は新日鉄を退社し、大阪に戻る。市内で広告代理店を営んできた父が高齢となり、後継を引き受けたからである。同時に、母校の監督というもうひとつのラグビー人生がはじまった。

この十余年、火曜日と土日を「ラグビー日」に当ててきた。仕事上の付き合いやゴルフなどは極力断わって捻出してきた時間である。好きならばこそ続くことであろう。

「チームはなかなか強くなってはくれませんが、やろうとしているラグビーはここでしかやっていない水準の高いものを目指してきたつもりです。国立大学というハンディはありますが、ラグビーが好きな奴

の集まりです。だからよけい、ラグビーの面白さを伝えたい。少々素材は劣っても工夫すれば活路はある。そう思ってやっていますよ」

〝星名門下生〟らしい答えが返ってきた。オフィスの資料棚には、ここにも星名の手書きの青焼きが残っていた。フォーメーションの図は機械設計図を見るごとき精緻なものである。

歴代の京大ラグビー部員で、四年間、びっしり星名の指導を受けたのは市口の年時のみである。

ふと思って、訊いた。

――星名さん、監督と名乗っていたのですか？

「ええ？　どうだったかなぁ……うーん、わからない」

そういいながら、市口は京大ラグビー部の冊子を持ってきてめくり

はじめた。年時記録やＯＢの住所録も収録され、歴代部長の名前は列記されているが、「監督・星名秦」という名は見当たらない。
「なにも書いてないですね。はて、公式にいえばジイサンの肩書きは一体なんだったのだろう……」

5

一九八一（昭和五十六）年一月十五日、国立競技場。ラグビー日本選手権で対戦したのは新日鉄釜石と同志社大学だった。釜石Ｖ３の年であるが、同大にとっては大学選手権初優勝、第二期黄金時代のはじまりであった。スタンド正面、岡と市口の座る席は左右に遠く離れていたが、同じことを思っていた。

――星名先生が生きておられたら喜んでくれただろうな、と……。

この日に先立つおよそ三年前、一九七七（昭和五十二）年秋、星名は三宅八幡の自宅で亡くなっている。七十三歳だった。肺癌で床に伏すまで、連日のように岩倉のグラウンドに姿を見せていたが、やがてかなわなくなった。

病篤くなったとの知らせを受け、岡は星名の自宅を訪れた。死の前日である。

「どうだった？」

座敷の寝床で横たわった星名は、すでに意識朦朧としていたが、岡の顔を識別するとそう尋ねた。

「ええ、勝ちましたよ」

そう岡は答えた。

大阪・長居競技場で行なわれた慶応大との定期戦の結果の問答だった。慶応—三高戦がなくなって以降、慶大—同大戦がわが国最古の定期戦となっている。この年の対戦は第六十一回定期戦。試合結果は二二—一七で慶応の勝利に終わっている。

今出川のグラウンドでの出会いからいえば三十年。岡が恩師に向かってついたはじめての嘘だった。

父が死んで二年後、星名倫はブラジルを訪れている。祖父・星名謙一郎のことを知りたく思ってである。

秦にとって、五歳で別れた父・謙一郎への思いは複雑なものがあっ

たようである。自身の夢は貫いたかもしれないが、妻子を捨てた父と映っていたのだろう。一度、母・ヒサのもとに多額の送金があったが、秦がそれを知ったのは母の死後であった。秦は息子の倫にも、もっとも近しい間柄にあった岡にも、謙一郎のことを語ることはほとんどなかった。

秦は妻・梅子を病で失ったのち、五十代になってかつて満鉄時代の部下であった直子と再婚している。『星名秦の生涯』は直子によって編纂されている。星名の年譜はこの本に拠るところ大であるが、謙一郎の死については、「その波瀾に満ちた生涯を閉じたのは大正十五年十二月、テキが大学二年に進んでいた年である」とのみ記されている。

謙一郎は当地で『週刊南米』を発行し、開拓事業も手がけた。死に

場所は、サンパウロから北へ六百キロ、アルバレス・マッシャルドという地で、日本人入植者たちが住んだコーヒー農園だった。当地での謙一郎の渾名は「ジャカレー（ワニ）」。豪胆を意味する。謙一郎を偲ぶ「拓魂」という立派な碑が建っていた。

謙一郎の死は劇的である。この年、コーヒー栽培は凶作で全滅、日本人入植者を代表し、謙一郎がサンパウロにある日本領事館に貸し付け資金を受け取りに出向いた。朗報は新聞にも載った。大金を持った男が農園に帰ってくる――。ニュースを知ったスペイン系の強盗団が謙一郎を待ち構え、農園近くで襲い、撃ち殺した。護衛もつけずに出向いた謙一郎はジャカレーであったが、そのせいで不慮の死を招いたというのである。

謙一郎―秦―倫と続く星名家の歩みは、明治・大正・昭和の時代を生きた一家族の、波瀾に富んだ物語となっている。

「焦げつくような炎熱にあえぎながらも、来るべきシーズンのトレイニングを怠らなかったラガーメンは今やボールを手にしてグラウンドに躍りだした。……」

一九二八（昭和三）年、星名が京大の後輩との共著で出した『新式ラグビー』の書き出しである。細かいルール解説にはじまり、エイトスクラム、オープン攻撃のシステムなど、当時最新のイギリスラグビーの模様を紹介する技術書で、教科書的書物として広く使われた。

戦後もだれよりもラグビー学の研鑽を積んだ星名は、翻訳を含め多

くの技術指導にかかわる文章を書いた。求められ、ラグビー雑誌に連載もしたが、まとまった自著は残していない。

広く知られるべきものと思ったものはすべて日本ラグビー協会に寄贈し、発行は協会からの刊行物とした。残っている冊子にも「星名秦」の名前は載っていない。そうであることを望んだからである。後日、星名の原稿をそっくり無断借用した本なども現われたが、一笑に付して気にも留めなかった。

並外れた情熱でもってラグビーにかかわりつつ、星名は、肩書きも、名利も求めなかった。

ラグビーはとりわけアマチュアリズムが尊ばれたスポーツである。そのことによって報酬を得るなど考えられもしない時代だった。どこ

の大学の指導者も似たり寄ったりのスタイルであったろうが、星名の場合、とりわけその純度が高い。

晩年になって、星名は車の免許を取り、ドライブが趣味のひとつともなったが、それ以前、岩倉や農学部グラウンドへは、自宅からオンボロの自転車に乗って通ってきた。彼を知る人々の追想から浮かんでくるのは、ムギワラ帽をかぶり、腰に手ぬぐいを下げ、毎日畑に向かう老農夫のごとき像である。

同大の工学部は戦後に発足した新興学部であり、部長時代には実験施設の導入や新学科の創設に打ち込んでいる。学長時代には、田辺町への学舎移転問題に手をつけている。教員や理事としての仕事も果しつつ、彼のなかではそれらは従の事柄であって、人生の主たるテーマ

はラグビーだった。

学長就任が決まったとき、新聞記者たちのインタビュー申し込みが続いた。電話口で、こう答えていた父の声を倫は覚えている。

「学長就任の抱負などは特にない。ラグビーの話ならする」

星名の、無償で、透明なラグビーへの情熱はどこに由来していたのだろうか。

満洲国は滅び、満鉄もまた他国の手に渡った。若き日、すべてを注いだ仕事は失われた。四十代に入り、裸一貫となって帰郷し、病み衰えた体をデントンハウスに横たえたとき、到来した思いはどのようなものであったのだろうか。

工学のなかでかつて専攻した内燃機関という分野は、蒸気機関車や

ディーゼル機関車においては中枢分野であるが、列車は高速電気動力車の時代へと移っていく。国鉄において新幹線のプロジェクトがはじまろうとするころ、もはや時代遅れの分野になろうとしていた。俺の人生は終わった——。そのような感慨にとらわれたとしても不思議ではない。

一身にして二世を生きるという言葉がある。星名の戦後をたどっていると、ふと「余生」という言葉がよぎる。大義を掲げた大プロジェクトではなく、小宇宙ではあっても本当に好きな世界で残りの人生を生きること。半生を失った喪失感を埋める対象はどこまでも無償のものであらねばならない……。

遠い日、星名秦と触れ合った夏の日を記憶にとどめる蟬取りの少年

には、いまそんな想像をかき立てられるのである。

第3章　突進

1

岡仁詩が同志社大学ラグビー部監督に就任した一九五九（昭和三十四）年、四年生のフッカー、渋谷浩一（現オーストラリア在）がキャプテンをつとめている。

耳がカリフラワー状になっているのは、往年、FW第一列で鍛え上げた痕跡である。いかつい風貌とガラガラ声にもFWの猛者《もさ》であったことがしのばれる。渋谷は後年、岡のもとでFWコーチをつとめ、またスタンドで大声をあげて叱咤激励を送る名物OBともなった。渋谷を知る後輩たちは複数、「面白い人」と渋谷を評したが、鬼コーチで

あるとともに愛嬌ある人柄がそのような評となっているのだろう。

上級生は下級生を私用で使ってはならない——新監督の第一声がそうであったことを渋谷は記憶している。

第一声が、チームの指導方針でもプレーヤーの心構えでもなく、上級生と下級生の関係であったことは、指導者・岡仁詩を考える上で示唆的である。

岡の記憶は薄れているのであるが、いったように思いますね、という。加えて、上級生が下級生に一方的な特訓を命じてはならない、と申し渡したことを覚えている。下級生にグラウンド十周などと命じるなら、自身も十周同じように走れ、ということである。学年が違えば家来も同然という悪しき体育会的風潮がいまなお残っているが、この

ことが岡は嫌いであった。

本書の取材にかかわって会った同大ラグビー部のＯＢたち、世代は老壮青にまたがっているが、上級生に殴られたという思い出を語ったものはいない。伝統的な部風であり、指導者の気質の現われでもあったろう。

このように書けば穏やかな指導者であるが、岡の監督就任当時の部員、いまではもう六十代半ばから後半になった世代であるが、異口同音に「練習は厳しかった」と、往時を振り返った。

夏の合宿地は例年、長野・菅平《すがだいら》であったが、渋谷がキャプテン時、長野・松本の自衛隊駐屯地で行なわれた。菅平と比べ、メシは旨く、風呂場は広く、設備は万端整っていたが、走れ、走れの練習はきつか

った。岡もまだ二十代、選手と同じようにグラウンドを走った。

ＦＷは「百本スクラム」で鍛えられた。練習はキャプテンの第一声ではじまり、終了もキャプテンの声で終わる。渋谷は、「今日はこれで終了！」の声とともにグラウンドにぶっ倒れたことを覚えている。

就任一、二年目、岡がＦＷに徹底して教え込んだのは「スクラムを押せ！」だった。

当たり前のことに思えるが、この当時、スクラムを押すという考え方はあまりなかった。学生ラグビーを主導していたのは早大の〝揺さぶり戦法〟で、展開ラグビーが全盛だった。タテを謳う明大でさえバックス展開を軸にしていた。社会人も同じであったが、わずかに近鉄がスクラムの押しを掲げていた。

同じことをしていては早慶明には勝てない。ＦＷにいい素材が揃っていた。強力ＦＷを生かしてバックスにいい球を供給するにはどうすればいいか――。

ふっと閃いたのは、相手ボールのスクラム時、フッカーが足を上げる瞬間、「ＦＷの足が十五本になる」ことである。そのタイミングに合わせて相手ＦＷを押し込む。ボールを獲れないまでも球出しを悪くさせる効果がある。

得たボールはＳＯがキックしてハイパントを上げ、落下地点めがけてＦＷバックスが一体となって殺到する。当時、空中のボールをキャッチしようとする相手選手に、キャッチすれすれにタックルに入ることが認められていた。もみ合いのなか、マイボールになればそれでよ

し、ならないまでも味方のディフェンスラインを上げることになる。このアップ・アンド・アンダー作戦を多用していく。華麗なオープン展開はほとんどない、いわば泥臭いラグビーであったが、相手チームにとってはまことに嫌な戦法であったろう。監督就任一年目、この戦法で、久々、同大は定期戦で早大を破っている。

後日であったが、星名秦から手渡された『ラグビー・ニューズ』に興味深い記事が載っていた。ブリティッシュ・ライオンズ（イングランド、ウェールズ、スコットランド、アイルランドの選抜チーム）がニュージーランド遠征したさい、史上はじめてオールブラックスに二勝一敗と勝ち越したという記事の講評に、敵ボールのスクラムをプッシュした新戦術の効果が挙げられていた。同じことを考えるものだな、

と岡は思ったものである。

もとより強いＦＷがあって効力をもつ戦法であった。

この時期、ＯＢのコーチ陣にも恵まれた。一人は近鉄に在籍していたロック出身の前田恭平（故人）。この前田が折々に姿を見せて部員たちを絞り上げた。

もう一人は、同大卒業後、京都市役所に入り、その後、電通に在職した渡辺隼介。第一期黄金時代、岡の補佐役をつとめ、いまも親しい関係が続いている。

渡辺が大学を卒業した翌年、岡が監督に就任している。渡辺の在学時の監督は内藤卓。京福電鉄の役員をつとめていた人物で、ごく温厚

な紳士であった。練習方式などはほとんど選手任せで、甘いといえば甘い監督であった。岡が来て雰囲気は一変する。

渡辺によれば、のち岡は知将と謳われるが、若き日の岡は、まずもって猛練習をほどこす監督だった。そのなかで知将の片鱗はところどころ見せた。

選手の特性を見ぬく眼力があった。高校時代、バックスをしていた選手をFWに起用、またその逆もしばしばあった。この時期、SOをつとめた居島《いじま》信二はもともとウイングであったが、岡がSOへコンバートした。キックがいいこと、それに闘争心が旺盛でFWを前に出すSOと見抜いたのである。居島もそうであったが、岡は素質ある選手をしばしば一年生からレギュラーに起用した。

鍛え込まれた強いＦＷによるタテ突進——。それが当時の同大ラグビーであった。渡辺は冗談めかしながらも、こういった。「第一列の顔が良かった」と。岡の監督一年目でいえば、ＦＷ第一列は、宮地克実、渋谷浩一、中得《なかえ》四郎。

宮地はのち三洋電機ラグビー部の監督・総監督、また日本代表監督をつとめラグビー界の名物指導者になる。彼の人物ノンフィクションを書いたことがあるが、実に心やさしき好人物であった。ユーモリストでもあったが、一見、海坊主もかくあらんと思える顔立ちをしている。中得は後年、岡部長のもとでヘッドコーチになるが、剛のもので、異名は「スクラムの鬼」。宮地—渋谷—中得と揃った第一列の迫力は相当なものであったろう。

宮地は「岡ハン」と呼ぶ。学生時代の思い出を問うと、同世代のOBと同じように「ガンガンやらされましたわ」という。岡からは、とにかく押せ！ と繰り返しいわれた。そして、なぜ押すのか、という理屈がついてくる。アタマを使え、ということもよくいわれた。

宮地が人・岡仁詩から受け取ったものは、むしろラグビー以外のことである。レギュラーになれない選手への目配り、個人を大切にする志向、礼儀やマナー……。自身、ラグビー指導者になってから学生時代のさまざまなことが思い出された。

渋谷や宮地の世代にとって、岡は部の監督ではあったが年齢は近い。卒業後、OBになってグラウンドに顔を出す。練習後、ときに酒場やアルサロにも繰り出して一緒に遊ぶ「兄貴」であった。

この時期、〝岡イズム〟は萌芽していたが、明確なものとしては整理されていない。若い監督は選手と一緒になってグラウンドを走り回っていた。

2

一九六〇（昭和三十五）年度のシーズンは岡の監督就任二年目である。第一期黄金時代の幕開けであったが、FWの突進力ということではこの年度が一番強かったかも、と岡はいう。レギュラー十五人の顔ぶれを挙げてみると以下の通りである。

宮地克実（二年　四条畷高）　プロップ
青山信吾（三年　洛北高）　フッカー

中得四郎（三年　桃山学院高）　プロップ
岡田正保（一年　朱雀高）　ロック
浅草春巳（三年　洛北高）　ロック
小西　宏（四年　鴨沂高）　フランカー
松下圭一（四年　嵯峨野高）　フランカー
石塚広治（一年　朱雀高）　ナンバー8
俣木慶治（一年　桃山学院高）　SH
居島信二（一年　洛北高）　SO
中島誠二郎（四年　同志社香里高）　ウイング
出口繁夫（三年　淀川工高）　センター
長谷川雄彦（三年　四条畷高）　センター

齊藤　晃（二年　同志社高）　ウイング
政田和雄（二年　嵯峨野高）　ＦＢ

この年からいえば二十年後、同大は第二期黄金時代を迎えるが、時代の流れは選手たちの出身高校からもうかがえる。第二期黄金時代――その後もそうであるが――、主力選手の多くはいわゆるラグビー名門校の出身である。選手たちは全国から集まり、高校日本代表クラスの選手たちが混じっているのに対し、この当時、そのような選手はいない。

宮地克実と石塚広治は、大学卒業後、日本代表に選ばれる選手となっていくが、大学入学時は、他の選手たちと同様、無名の選手であった。

同志社高、同志社香里高は同大の附属高校であるが、他校もすべて京都、大阪にある高校であり、桃山学院高を除けば府立高校である。この当時から選手の勧誘はOBのルートをたどって行なわれてはいたが、ほぼ近畿圏に限られていた。

ＦＷで図抜けた体軀であったのは浅草春巳一人。百八十五センチの長身であったが、ＦＷの平均体重は「二十貫余り」、七十五キロ強である。当時としては重いＦＷであったが、抜群というほどでもない。スクラムと突進力の強さは鍛え抜かれたものだった。

この年度、同大ラグビー部創設五十周年を迎えていたが、関西の大学対抗戦で全勝、さらに創部以来はじめて定期戦で早慶明を破っている。第一期黄金時代を通し、岡にはこの年、明治に勝ったことが一番

感慨深く残っている。

早慶にもずっと分は悪かったが、とりわけ対明大戦の戦歴は、一九二五（大正十四）年、初対戦で勝って以降、一引き分けを挟んで負け続けていた。実に三十五年ぶりの勝利であった。加えて、学生時代、北島忠治から「相撲からはじめたほうがいい」といわれた屈辱が晴れたようにも思えたからである。

明大戦が行なわれたのは十二月、秩父宮ラグビー場。定期戦の場所は、この年が秩父宮なら翌年は東大阪・花園（あるいは京都・西京極）というように、東京・関西の隔年開催で行なわれていたが、同大チーム、秩父宮が苦手であった。

定期戦は年末から翌年一月にかけてであるが、この時期、秩父宮の

グラウンドは霜柱が溶けてぬかるむ。条件は同じであるが、固いグラウンドに慣れた同大チーム、足を取られて苦戦することが再三あった。スコアは六—三。二トライ対一トライ（当時トライ得点は三点）である。得点上からは辛勝であったが、同大FWが押しまくり、試合内容からいえば圧勝であった。この試合は、ラグビーゲームについてある〝経験則〟を岡に与えた。すなわち、それまで負け続けてきた相手に勝つには五分五分の戦力では十分ではない。六—四、あるいはそれ以上の力の差をもって臨んではじめて勝利が得られる、と。確かにこのことは、大学・社会人のラグビー史を含めて眺めてみると符合することが多い。

キャプテンはフランカーの小西宏。足があり、しつこいタックルが持ち味で、第三列に向いた選手であった。キャプテンを紹介する当時の新聞の人欄に「陽気で明るい性格」という形容がある。いまも笑顔の多い人である。

明大に勝った日に記憶するのは、その夜、OBが喜び、部員たちを築地のスキヤキ屋に招待してくれたことである。

翌日は兜町の大手証券会社の専務に呼ばれた。戦前の卒業者で小西には面識のない人だったが、会いたいといわれ、足を運んだ。専務は多忙のようで、面談は短時間であったが、「とにかくこれで旨いものでも食べてくれ」といわれ、金一封を手渡された。二万円が入っていた。

人事院の資料によれば、この年、国家公務員（上級）の初任給は一万八百円とある。大金であった。岡に相談し、東京遠征に来たメンバーが二十人であったことから「夕食費」として分配した。豪華な晩飯を食べてなお釣りがあった。

さらに年が明けて早々、早大戦は花園、慶大戦は西京極で行なわれたが、ファーストスクラムで同大FWが押し込むと、スタンドからどよめきが起きた。宿願達成はOBを歓喜させ、京都でも祝賀会が続いた。積年のライバル校を総なめにした――。現役よりOBたちが喜んでいた。

小西の見るところ、岡は「アイディアマン」であった。練習では絞られたが、無闇に絞り上げる指導者ではなかった。

練習法は斬新だった。二十五ヤードラインを引き、その中でダッシュを繰り返し、あるいはセービングとピックアップを組み合わせる。またその中で、三人ＦＷとバックスが笛なしのゲームを行なう。練習のための練習ではなく、試合に生きる練習というのが岡流であった。

そして、練習の合間あいまに「お話が入る」。なぜこのプレーかという説明である。小西は「お話」が好きだった。あまりアタマに入らず馬耳東風と聞き流していたが、その間は休めるからであった。

キャプテンであったことから小西は岡との親交を深めることとなった。自宅にもよく足を運んだ。

岡が妻帯したのは、同大監督に就任する二年前である。夫人の名は久美子。大阪・夕陽丘高校の卒業生。岡の天王寺高校とは場所も近く、

戦後ともに旧制中学から新制高校となり、校舎を共有していた時期があって交流の深い学校だった。二人は高校時代からの知り合いである。岡は「久美」と呼び、夫人を知るOBたちは「久美さん」という。しゃきしゃきした気性の女性で、自然に「子」が取れてしまったとか。

小西がキャプテンのころ、夫妻は吹田・千里山のマンションに暮らしていた。一粒種のまり子はまだ幼児。岡の家で、「まりっぺ」のお相手もつとめたものだった。まり子は成人してからピアノ教師となり、いまはフランスに暮らし、二児の母となっている。

岡は愛妻家で、試合や夏の合宿などにも妻子をよく帯同してきた。ラグビーは男のスポーツ、女人禁制という風潮が残っていた時代であったが、岡は気にしなかった。岡を見習ったのか、若いOBたちが半

ば遊びがてら「彼女」を連れて夏合宿にやってくる。他のOBからクレームが出ることもあった。岡の〝解決策〟は「彼女が婚約者ならいいことにしよう」というものであった。

そういう意味で岡の生活スタイルは西欧的であり、家庭もまた「個人尊重」というのが岡の流儀である。娘が渡仏したのもフランス人と結婚したのも娘の人生選択であったし、口をはさむことは一切なかった。

小西が岡の家をよく訪れたのは。それが必要であったからである。当時まだ、岡はメリヤス業との二足の草鞋《わらじ》を履いており、岩倉に来るのは週に二度か三度。来れない週もあった。そんなとき、小西は練習スケジュールの打ち合わせをかねて、週末、岡の家を訪れたものであ

る。夕刻になると、久美夫人の手作りの夕飯を振舞われた。

早慶明を破った四年生時、いまや懐かしき日々である。記憶は岩倉のグラウンドとともに刻まれている。現在と比較すれば、なにもかも慎ましいものだった。

水が染みた皮のボールは重たかった。練習時のジャージーはぼろぼろで、部員たちの多くはつぎを当てたものを着ていた。スパイク裏のポイントは皮の切れ端を重ねて釘打ちしたもので、ラックになると擦り傷だらけになった。シャワーという気の利いたものはなく、冬場は震えながら水道水を浴びて泥を落としたものだった。

四年生時、チームが強くなったせいであったのか、新しい合宿所建設の募金がはじまり、いち早く風呂場が建てられた。これがなにより

うれしかった。練習後に漬かる温かい湯船は天国だった。

素朴なロマン——。遠い日を振り返って、そんな言葉が小西には浮かぶ。比叡おろしの寒風が吹きすさぶグラウンド。ただボールを求めて駆け走っていた日々。その果てになにがあるのか。見上げると広い空がひろがっている——。

大学卒業後、小西は証券マンとなった。長くこの世界で仕事をしたが、リタイアしてのち、大阪ミナミでタイ料理店を開いた。いま、岡夫妻はじめ、ラグビー部のOBたちがしばしば立ち寄る〝連絡所〟ともなっている。


十五人のメンバーのなかでいえば、ウイング中島誠二郎は、宮地と

ともに社会人ラグビーの指導に深くかかわった。さらにもっとも波瀾に富んだ人生を歩んだといえようか。

中島はいま、ナカボージャパンの会長をつとめている。祖父の代が大阪・泉州で紡績業をはじめ、三代目ということになる。大阪・御堂筋に近い通りに本社ビルがあるが、紡績・染色工場の主力は韓国に移り、その後中国へと移転している。

学生時代、またその後を含め、中島も岡とのかかわりが深い。

中島は小柄であったが頑健で足が速かった。レギュラーになるには一芸に秀でなければならない。陸上部の練習に参加して短い距離のダッシュに磨きをかけた。レギュラーポジションを得たのは三年生になってである。

中島の見るところ、岡は「興味人間」である。アイディアを捻り出し、試してみるのが好きだった。ただ、それをゲームで行なうかどうかは選手たちにゆだねた。「考える糊代《のりしろ》を残しておく」のである。年月とともに糊代の幅が大きくなっていったように思えるが、その芽は中島の時代からあった。同大ラグビー部から数多くのラグビー指導者が生まれていったのは、そのせいではなかったかと中島はいう。

四十代になってからであるが、中島は社会人ラグビー、ワールドの創設と育成にかかわっている。

婦人服の企画販売会社ワールドとは同じ繊維業ということでかかわりがあった。ワールドの本社は神戸であるが、国内・海外にまたがって急成長していた時期、社員の気持をひとつにまとめるシンボル的な

ものがほしいという相談を受け、ラグビー部創設へと結びついた。

部結成は一九八四（昭和五十九）年のこと。中島はヘッドコーチ・部長を合算すると、ワールドラグビー部在籍は十八年に及ぶ。草創期、一番の相談相手となってくれたのが岡だった。往年の名ロック、小笠原博（近鉄OB）を監督に招聘したのも岡のすすめによってである。

ワールドの当初の所属は兵庫県社会人リーグB。翌年A。以降関西リーグC3、C2、C1、B、A……。幼い我が子の成長を見詰めるような歩みであった。常勝・神戸製鋼を倒した日もあった。いま神戸・六甲アイランドに美しいグリーンの芝が広がるワールドのグラウンドがあるが、社会人チームのなかでも屈指の設備であろう。

この間、ナカボーの経営が中島の本業であったから、かけもち生活

を続けている。また同大ラグビー部ＯＢ会（同志社ラグビークラブ）の理事長（現副会長）をつとめ、同志社香里高ラグビー部の育成にもかかわってきたから楕円球との縁はとだえることなく続いてきた。

「根っからのラグビー好きといいましょうか、アホウな男ということになるんでしょうが」と笑う。

もうひとつ、そのことには、中島の個人史にもかかわりがある。

中島とは本社ビルで会ったが、電話のメモを取るのは秘書の女性の手を借りていた。ライターに点火するのも不自由である。日常生活、他のことで人の手を借りることはないのであるが、手の指の動きが不自由である。コバルト療法の後遺症である。

大学卒業後まもなく、中島はリンパ肉腫という癌に冒されている。

この頃、治療法としてはコバルト照射しかなく、致死量を超える照射を受けている。いったん病は回復したが、五年後に再発した。二十代半ばから三十代は闘病の歳月でもあった。支えになってくれたのはラグビーだった。あんなに苦しい練習に耐えられたじゃないか。あれに比べればコバルトなど痛くも痒くもない、きっと乗り越えてみせる……。そう言い聞かせ、萎《な》える心を鼓舞し、食欲がなくても食べることを強いたものだった。

屈強な若者も心弱る日があった。再発した時期、余命二年と宣告されていた。あと二年か……大阪の地下鉄に乗っていたとき、ふいになにもかもむなしくなり、その足で〝出奔〟した。どこをどう歩いたか、いまも記憶にない。数日後、岡山の山中で発見された。〝中島行方不

明〟の報は岡たちにも伝わり、〝捜索員〟になったのはかつての岩倉の仲間であった。

大学四年生時の思い出を訊くと、中島も風呂場ができたことを挙げた。

新築の風呂に入る順番は、一年生も四年生もなく、随時勝手に入っていて、それをだれも奇異に思っていなかった。キャプテン小西の人柄であったのか、〝岡イズム〟の影響であったのか、あるいは同志社という校風のせいであったのか。練習は極めつきにきつかったが、一歩グラウンドを離れると上下関係は希薄だった。部員数はまだ少なく、五十人ほどで、家庭的だった。いい雰囲気の部であったと思う。そういう関係性を含めた総体が中島に残したラグビーというものであった。

大学時代、ラグビーにかかわることで嫌な思い出は皆無である。ラグビーが自分を救ってくれた――。中島がラグビーにかかわり続けてきたのはその想いがあったがゆえである。

岡の自宅で話し込んでいた折りである。小西、中島の両氏が風呂場のことを話していましたよ、と口にした。それを耳にして、岡は〝白状〟する気になったようである。お茶を持ってきた久美にこう問うた。

「おい、風呂場のとき、いくら出してくれたんだっけ。五万円だったか、十万円だったか？」

「十万円でしたよ。お嫁入りのときに持ってきたお金でしたが」

真冬、選手たちが水道水をかぶっている姿は寒々しかった。泥まみ

れのまま帰路につくものもいる。可哀想に思って、こっそり岡は費用を捻出し——厳密にいえば久美から出させて——、風呂場をつくったのである。最終的には、大学側からプラス二十万円の補助を得てつくられた風呂場であった。計三十万円。いまに換算すれば五百万円ほどになろうか。この翌年には木造二階建ての合宿所がオープンしている。

3

日本のラグビー史において「日本選手権」という言葉が登場するのは一九六三（昭和三十八）年度からであるが、これ以前の三年間、NHK杯がこれに準ずるものとして取り扱われている。

第一回NHK杯が行なわれたのは一九六一（昭和三十六）年一月。

社会人からは全国社会人大会の覇者・八幡製鉄が選ばれ、学生代表の日大を破って優勝している。学生代表については全国大会がなく、関東代表・日大と早慶明を破った関西代表・同大の対戦が企画されたが、学年末テストと重なるということで、同大はこれを辞退した。制度の未熟ゆえの出来事であったが、背景には、選手権ではなく定期戦重視の志向が根強かったことがある。

一九六一年度も同大の快進撃は続いた。キャプテンは中得四郎。FW八人のメンバーはほとんど変わらず、前年に続き、早慶明を連破している。

和崎嘉彦は天王寺高から慶応大に進み、この年三年生。卒業後はクボタでラグビー指導者になった。天高の先輩ということで、岡とのか

かわりがある。高校時代はプロップをつとめていたが、たまたま学校に来ていた岡から、足があるからフランカーが向いているぞ、といわれたことを覚えている。大学時代のポジションはフランカー。

和崎は宮地克実と同学年で、のち親しい友人となった。顔合わせは、天高対四条畷高、全国高校ラグビー大会大阪府予選の決勝戦だった。ゴツイ奴、さらに宮地の顔を見て「びびった」。この試合は天高が勝利を収めたが、大学時代、同大との定期戦でお返しをされる。とりわけ三年生時、秩父宮での試合が記憶に濃い。慶応FWの異名はタイガー戦車。この年も弱いFWではなかったが、スクラムのたびに「芝生と一緒にめくり上げるようにレール押しされた」。

このような強力FWに加え、バックスに切り札が加わった。京都・

洛北高からやってきた一年生のウイング、坂田好弘である。卒業後は近鉄に入り、一九六〇年代から七〇年代にかけて日本ラグビー界を代表するトライゲッターとなった。

岡の見るところ、坂田の長所は、足の速さもさることながら、足腰の強さ、短距離間でチェンジ・オブ・ペースがきく走り、さらにポジショニングの良さにあった。加えて、この選手は努力家だった。岩倉にきつね坂と呼ばれる坂道があったが、大きな荷台のついた自転車を漕いで足腰を鍛えている姿をよく見かけた。

足腰の強さは、中学時代、柔道をやっていたことが寄与している。ポジショニングの良さは天性のものであろう。

坂田によれば、華麗なオープン攻撃からパスを受けてのトライは少

なかった。同大はＦＷのチーム。ＦＷが攻め込むとラックとなりボールの出所の見当がつく。その背後で、バックスを一人置いて待ち構える。ボールを受け取ると密集を抜け、あるいはブラインドサイドを突破して一気に走り切った。

坂田に残る岡も、「話が長い」ことである。練習中、しばしばプレーを中断し、「なぜこのプレーか」を説明する。ときには部員の意見も求めてくる。中断時間はさらに長引く。そんなことより寒いからはやく走りましょうや——とよく思ったものである。

坂田はいま大阪体育大学ラグビー部の監督。

「ま、私だけじゃなくて、学生はみんなそうだと思いますが、在学中は先生のいうことがよくわからない。卒業して、こちらが学生を教え

る立場になってからですよ。ああ、こういうことといわんとされていたんだなって思うようになったのは」

後年、岡は坂田から「関西学生ラグビー界の宝」を受け取る。坂田の積み重ねたラグビー歴のなかから発案されたある制度であったが、そのことはのちに触れたい。

坂田が一年生の年、第二回NHK杯は、社会人大会の決勝で八幡製鉄を破った近鉄と同大の間で争われた。試合は、学年末テストを外し、一九六二（昭和三十七）年三月、秩父宮で行なわれている。

早慶明に勝った時点で、学生代表として同大の出場が決まった。慶大との試合後、記者たちにNHK杯出場の抱負を訊かれたキャプテンの中得がこう答えていたのを岡は記憶する。

「胸を借りるつもりで……ゲームについては学期末の試験が終わってから考えます……」

本書を書く上で、岡には繰り返しインタビューを重ねたが、感心したことがひとつある。随分と以前のことであっても、学生がこうした、学生がこう語った……ということを実によく覚えていることである。学生がなにを考えているのか、実に注意深くあったということであろう。

学生スポーツの指導者に最初から優れた指導者などいないと岡はいう。誰もが失敗を重ね、学ぶなかで優れた指導者となっていく。学ぶ対象は常に目の前にいる学生である。岡を名将としたのは、学生から学ぶことにおいて人一倍貪欲であったからではないか。

近鉄とのゲームは一七—六で同大が快勝。坂田が二トライをあげている。岡にとっては監督就任三年目、名実ともに日本一になった日であった。

翌々年、一九六三年度から日本選手権が行なわれている。大学選手権はまだなく、第一回日本選手権に選ばれたのは、八幡製鉄、近鉄、法大（関東学生最優秀校）、同大（関西学生最優秀校）の四チームであった。この当時、社会人と学生ラグビーのレベルは、社会人優位ではあったが、後日のような格段の差はない時代だった。

学生チームは毎年選手が入れ替わる。二年前とは同大は持ち味の違うチームになっていた。

第一列の宮地・中得が卒業で抜け、スクラムと突進力はやや落ちた。それに、スクラムを押し、ハイパントからの押し込みという戦術の有効性が広がり、他チームも取り入れるようになって〝同大特許〟ではなくなっていた。

岡の新工夫はサインプレーの考案であった。

FWプレーでいえば、「八―九」あるいは「六―八」と呼んだものがある。スクラムのさい、当時のルールでは、ナンバー8およびフランカーがボールインと同時にスクラムを離れることが許された。マイボールを得ると、SHからバックスへではなく、ナンバー8からSHへ、あるいはフランカーからナンバー8へとパスし、そこからバックス展開やサイド攻撃を行なう攻撃である。

ナンバー8は、四年生でキャプテンの石塚広治。相手を跳ね飛ばして突破するのがナンバー8のイメージであるが、石塚は狭い露地をつたうように間隙を縫って潜り込み、インゴールにボールを捻じ込む選手だった。足があって、体が柔らかく、いまでいうボディコントロールが実にいい。ゴール前、石塚がボールを持つとまずトライに結びつく。実に頼りになる選手であった。

石塚は近鉄に入り、日本代表のナンバー8もつとめた。その後、近鉄バファローズのフロント、近鉄タクシーなどを経て、私が会ったとき、名刺は近鉄工業電設事業本部営業部長となっていた。

「サイドアタックが強いといわれましたが、前の五人が強かったからできたことです。僕はあんまり考えん方でね、動物的カンというのか、

プレーを楽しんでいたら自然とああなった。同志社流の型にはめられないラグビーが僕には向いていたのでしょうよ」

現役時代からいえば随分と横幅が増した体軀をゆすってそういった。バックスのサインプレーで駆使したのは「ペケから」。ペケとは斜めに走るシザースの組み合わせに由来している。

典型的にいえば、スクラムでマイボールを確保し、ナンバー8が左に走りつつSHへパス。同時に、左センターがダミーとなって右へと走る。ボールは背後から左に走り込んでいるSOへと渡り、最後、ウイングあるいはFBへ、という流れである。相手守備陣は左右に振られ、一瞬、どちらのラインにボールが渡ったのかわからない。いわば〝目くらまし〟的なバックス攻撃である。ウイングに坂田がいるので、

面白いように決まることが多かった。

このことは、岡の、また同大ラグビーの特性を考える上で暗示的である。形のないのが同大ラグビーともいわれるが、その年度年度、FWが強ければFWを、バックスに切り札がいればバックスを生かす戦術を考案する。固まった作戦ありきではなく、選手に合わせて作戦がついてくるのである。

斬新なサインプレーは決まれば鮮やかであるが。悪く受け取れば〝作戦主義〟と映る。その後、同大ラグビーの試合を伝える新聞の講評は、勝てば「サインプレー、鮮やか」、負ければ「小手先に走って」が決まり文句ともなった。

日本選手権は一九六四（昭和三十九）年三月、準決勝、決勝とも花園で行なわれている。東京オリンピックが開かれ、東京・大阪間に新幹線が開通し、本格的な経済成長時代が幕開けた年である。

準決勝、同大の相手は八幡製鉄。鉄は国家なりの時代であり、ラグビー界においても一頭抜けた存在であった。ロックの草津正武（のちプロレスラー）、明大出身の快足ウイング宮井国夫は八幡を象徴する選手であった。

八幡を倒せばひょっとして、というのが岡の胸算用であった。近鉄には秋の練習試合で敗れていたが、チーム力としては五分と思えた。八幡は胸を借りるとしかいいようのない相手であった。

ゲームは驟雨のなか、泥田と化したグラウンドで行なわれたが、こ

れが幸いした。八幡は得意の展開ラグビーが封じられ、FWのもみ合い戦となり、ゲーム運びの巧さよりもスタミナ戦となった。前半、同大はリードされたが、後半、若い学生が八幡陣に再三攻め込んで逆転。最後、サインプレーが決まり、坂田がインゴールに飛び込んでダメを押した。一八―一一。堂々の勝利だった。

決勝の近鉄戦、ロッカールームで、岡はこういって気合を入れたことを記憶する。

「これからやる試合は日本一を賭けた試合だ。日本二じゃないんだぜ。歴史に残るゲームだ。全力を振り絞ってやろうじゃないか」

いわずもがなの訓示をしたのは、二日前、大敵・八幡製鉄に勝ってほっとした余韻が残っているのがありありと感じられたからである。

選手たちの間においても日本選手権はいわば「おまけ」、いまだ「定期戦大事」の色濃い時代であった。

心配は杞憂であった。前後半とも、石塚が核となったFW、坂田が核となったバックスが近鉄を圧倒、結果は一八―三という完勝であった。社会人の雄、八幡製鉄と近鉄を破っての優勝。同大ラグビー部にとって、また監督・岡仁詩にとっても、第一期黄金時代の頂点となった日であった。

第4章　接　戦

1

同志社大学ラグビー部の春合宿に同行する形で、ニュージーランド南島、カンタベリー州の州都、クライストチャーチを訪れたのは一九九五年春であった。

金城仁泰《かねしろのぶひろ》からの誘いを受けたことによる。金城は東京でテレビプロダクションを主宰してきた人物であるが、同大ラグビー部のOB（一九七一年度の主将、ナンバー8）で、ビジネスを離れて同大ラグビー部および岡仁詩の映像を収録しておきたいという。そのレポーターを引き受けてほしいというのが依頼事項であった。私が適任者であ

るかどうか躊躇するものがあったが、ニュージーランドはラグビー王国、一度は訪れてみたいと思ってきた地である。それに、岡と同大ラグビー部にかかわること、すぐ応諾の返事をした。

この年からいえば九年後、金城は五十一歳の若さで内臓疾患により亡くなっている。酒豪であったことがかかわりあったのかどうか。ごく控え目な人柄の人だった。このときの彼の仕事は、ビデオ『ゴールポストの向こうに』（BGM）として残っている。

ラグビー王国、ニュージーランド。代表チーム、オールブラックスは世界最強の名をほしいままにしてきた。クライストチャーチの人口は二十数万人。町の中心地にある広大な芝公園ハグレーパークは、ラグビーシーズンになると花が咲くごとく、一斉にゴールポストが立っ

てグラウンドとなる。その数五十面。整地してできるのではなく、いまある芝地にゴールポストを建てればそのままグラウンドとなる。うらやましいような環境である。

カンタベリー大学クラブでいえば、一軍（シニア）チームが二つ、二軍（ジュニア）、三軍（コルツ）があって、他に二十一歳以下、十九歳以下、さらに年輩者や女性チームを加えるとクラブ数は二桁になる。大学出身者であるかどうかはかかわりなく、当地に住んでいればだれでもクラブ員になれる。恵まれた環境と裾野の広いクラブ制度がラグビー王国を形成している源泉であるように思われた。

一歩町を離れると、丘陵地帯が広がり、羊の群れが草を食《は》んでいる。絵葉書を見るがごとく、なんとものどかな風景である。近郊にあるラ

グビークラブも訪れたが、ラグビーを愛する人々との交流は楽しい旅だった。ただ、東京の地下鉄で猛毒サリンが撒かれ、多くの死傷者が出ている……というテレビの国際ニュースが青空に浮かぶ暗雲のように気がかりであったが。

この年、岡は同大を定年退官し、部の総監督になってまもなくであった。ここまでニュージーランドへの訪問は延べ十数回に及ぶ。教授時代、「在外研究」ということで半年近く滞在したこともある。久々の訪問、センチメンタルジャーニーという趣もあるようだった。

滞在中、ジェイドパークと呼ばれる競技場を訪れた。州一番の格式ある競技場である。クリケットの競技場としても使われ、やや楕円の形をしている。芝を踏みつつ、「あれから二十九年ですか。懐かしい

ですね……」。岡は感慨を込めてそういった。当時はランカスターパークと呼ばれていた。

一九六六（昭和四十一）年春、岡にとってはじめての訪問である。このときランカスターパークで行なわれた試合、オール同志社対カンタベリー招待チーム《インビテーションフィフティーン》のゲームは「これまででもっとも感動した試合のひとつ」となった。

この二年前、カンタベリー大学が来日し、オール同志社とも対戦している。主将はプロップのディック・ホクリー。岡とは同年生まれということもあって、以降、親しい交友が続き、この春合宿の世話役も引き受けてくれていた。ホクリーはまた同大の第二期黄金時代を開く影のコーチともなるが、そのことは次章に譲ろう。

カンタベリー大学との交流ができてオール同志社の遠征が実現したのであるが、戦後、大学チームの海外遠征ははじめてのこと。まずは費用捻出が難問だった。南極捕鯨船に同乗させてもらい、ニュージーランドの港で落としてもらおうという案まで出たとか。

遠征の発案者は星名秦。プラン中に同大学長となり同志社創立九十周年記念事業の一環として訪問するという名目をつけた。費用は個人負担に加え、OBたちが寄付活動に奔走してようやく渡航が実現した。現地での滞在は関係者宅にホームステイさせてもらうこととした。

団長は同大ラグビー部OBで日本ラグビー協会専務理事（のち会長）の金野滋《こんのしげる》。東京で貿易会社を営んできた。監督が岡仁詩、主将は宮地克実。選手二十五人の主力は第一期黄金時代のメンバーであった。

昭和のはじめ、金野の父は三菱銀行ロンドン支店長で、金野は小学生時代、ロンドンで育っている。いわゆるイギリス上流階級のクイーンズ・イングリッシュの話し手で、日本とラグビー強国の交流に大きな貢献を果した。イングランド、ウェールズ、アイルランド、スコットランド、フランスの五か国が欧州におけるラグビー強国であるが、戦後、日本との交流がいちはやくはじまり、存続し続けたのは「シゲー・コンノ」の存在があったからだともいえる。

今野団長—岡監督のコンビは、この後、高校日本代表のカナダ遠征（一九七〇年）、日本代表のオーストラリア遠征（一九七五年）、日本代表のイングランド・スコットランド遠征（一九八六年）、オール同志社のイングランド遠征（一九八九年）などでも続いていくが、金野

の英語力で何度か助けられた思いがしたものである。

ニュージーランド遠征における試合後のレセプションのひとこまであったが、金野がスピーチをはじめると、食堂からコックやウエートレスまで出てきて聞き入った。

オーストラリア遠征では東海岸にあるロックハンプトンという町で試合が組まれていた。歓迎レセプションで、市長が太平洋戦争時、この町へ日本海軍による潜水艦攻撃があったことを語りはじめ、座は白けた。続いてマイクの前に立った金野は、自身スマトラで一兵卒として戦った体験をウイットをきかせて披露しつつ、戦争それ自体の悪を語り、市長の演説をきっちり切り返した。

ニュージーランドにとって、はじめてやってきた日本の大学チームは「珍客」であったろう。日本のラグビー事情はほとんど知られていない。はるか格下の相手だと思われていたであろうが、大学やクラブチームを相手に各地を転戦、最終試合を迎えるまで同大の三勝四敗。善戦であった。

ニュージーランドチームの主戦法は、おおむねＦＷの押し込みからのアップ・アンド・アンダーである。ＦＷの体重差は歴然としていて、包み込むような圧力をかけてくる。同大チームは体格においてはるかに劣勢であったが、ショートラインアウト、サイドアタック、シザース、サインプレーなどを織り交ぜ、オープンに展開する。面白く新鮮であったからだろう、現地のマスコミからは過剰なほどに賞賛された。

「これぞラグビー」というオールドファンからの声も寄せられた。

ランカスターパークで行なわれた最終試合、対戦相手はカンタベリー招待チーム。メンバーは現・元を含めオールブラックス六人、残りは州代表という強豪チームであった。当初は格下チームとなめていたのだろうが、それまでの試合を見て本気で臨んできたのである。岡は相手メンバー一人ひとりの特徴を掌握していた。例の「星名メモ」によってである。

試合は追いつ追われつ、逆転また逆転の好試合となった。同大リードで迎えた終盤、ペナルティによるゴールを決められ、試合は二二―二二の引き分けに終わった。

この顔ぶれを相手にして……。それゆえ「もっとも感動した試合の

ひとつ」となったのである。カンタベリー大学のクラブハウスには、このときの試合模様を伝えるパネル写真が何枚か掛けられていた。

初遠征、収穫多き旅だった。名高いSHクリス・レイドローのスピンパスをはじめて見たのもこのときだった。ボールが伸びて楽々とロングパスとなる。奔放なパスプレーにも驚いた。タックルで倒される寸前、プレーヤーは後ろを見ずにボールを投げる。その位置に計ったように別のプレーヤーが走り込んでくる。ハンドリングでのミスはほとんどない。少年期から楕円球のボールに馴染んで育ったゆえであろうと思われた。

学んだことはラグビー技術だけではない。それ以上に伝わってくるのは、ラグビーを成立させている風土と文化というべきものだった。

そのことはニュージーランドとの交流を重ねるごとに深まっていった。グラウンドに立てば、ニュージーランド人は荒々しく、まなじり決して立ち向かってくる。ノーサイドの笛が鳴れば、もう敵味方はない。オンとオフの切り替えは見事なほどだった。試合後の懇親会、エンジョイしたか、という問いがよく飛ぶ。楽しんだかというのであるが、全力を出し切って満足したかい、というニュアンスに近い。彼らのラグビー観が示されている。

さらに、多くの知人・友人ができたことがもっとももたらしてくれたもの、と岡はいう。当地のラグビー文化は〝岡イズム〟を形成するもうひとつの源流ともなった。

同大の初遠征は、日本ラグビー史においても大きな意味を持つこと

になる。日本代表がオールブラックス・ジュニアを破るのはこの二年後であるが、同大チームの戦いぶりが好評で、日本代表チームの招待遠征が実現したからである。

2

ラグビー関係者の間では、その家は「大西ハウス」と呼ばれてきた。東京・港区にある大西鉄之祐の自宅を訪問したのは一九九四（平成六）年秋である。翌年、大西は七十九歳で亡くなっている。訪れたのは、オールブラックス・ジュニア（二十三歳以下）を破った試合の話を聞いておきたかったからである。加えて、日本ラグビー界が生んだおそらく最高の戦闘指揮官に一度は会っておきたかった。死去の報に

接し、不謹慎ではあるがあのとき訪ねておいてよかったと思った。

大西鉄之祐。一九一六（大正五）年生まれ。一九三七（昭和十二）年、早大の全国制覇時のフランカー。卒業後、東芝に入るも応召され、東南アジアを転戦。スマトラで終戦を迎え、マラッカでの捕虜収容所を経て復員している。戦後、早大教授となり、三度、早大ラグビー部の監督となるが、そのつどチームを立て直して「大西魔術」の異名をとる。一九六六年から七一年まで日本代表監督の座にあり、六八年オールブラックス・ジュニアを倒し、七一年イングランドをあと一歩まで追い詰めた伝説の試合を演出した……。

是非訊きたいと思う質問を用意していたが、話はしばしばあらぬ方に飛んだ。途中で私は諦め、独白を聞き入ることになったが、おおい

に愉快であった。たとえばこうである——。

「お前さん、恋をしたことはあるか？」

「はあ？」

「ならわかるだろ。こんなナンギな女になぜ惚れたか、と。ラグビーもそうだ。どういうわけか夢中になって、どっぷり漬かった。けれどもアンタ、漬からなきゃ、なにもモノにはできゃせんぜ。星名先生が偉かったのはそれだ。一銭の得にもならんラグビーに夢中になって、文献を漁り、訳し、炎天下、体をいためてもグラウンドに来られた。こういうヤクザ精神があったからこそ、日本ラグビーはＦＷの平均体重が二十貫そこそこでも世界に立ち向かえたんだ、わかるか？……」

星名の名前が何度か聞かれた。

一九六〇年代半ば、星名が日本ラグビー協会技術委員長となり、星名―大西の体制が敷かれた。岡によれば、これ以前、日本代表チームはそのつど便宜的に編成されはしたものの、事前合宿を重ねて統一的な戦術を練ったのはニュージーランド遠征前がはじめてだったという。菅平での合宿、岡もコーチとして加わっている。大西は奈良の人。星名・大西・岡が揃うと、関西弁をまじえたラグビー談義がいつ果てることなく続いた。

指揮官・大西鉄之祐はふたつの顔をもっていた。

ひとつは優れた理論家としての側面である。大西は勉強家で、アパルトヘイトによって閉ざされた国、また屈指のラグビー強国であった南アフリカの名コーチ、ダニー・クレイブンの技術書などを読み込み、

それまでの三・二・三スクラムから三・四・一スクラムへの切り換えを提唱した。本邦で三・四・一のスクラムが初披露されたのは戦後初の来日チーム、オックスフォード大学によってであるが、このスクラムの開発者は南アフリカであった。

さらに大西が編み出したところの、FWバックス一体となった戦法「接近・連続・展開」、あるいはサインプレー「カンペイ」はよく知られている。カンペイとは、センターがSOからのボールを受け取ると見せつつダミーとなり、その背後からFBがタイミングをずらして割り込んでくるサインプレーであるが、菅平の地名（音読み）からそう名づけられた。

早大FWは軽量であることが多く、重戦車FWの明大に対抗せんと

する戦法はイコール、日本人選手が小回りのきく機敏さによって外国人チームに立ち向かうテーマと重なっていた。そういう意味での作戦術としていえば、この時期、ラグビー後進国である日本が世界でもっとも進んでいたかもしれない。

もうひとつは、おそらく戦争体験に由来すると思われるところの、「決死の覚悟」「精神の凝縮」「日本的情念」など、〝非合理なるもの〟である。ここ一番の試合、ロッカールームでの気合入れとして、湯飲み茶碗の水を回し飲みし、最後、茶碗を叩き割って選手たちをグラウンドへと送り出した。大西は固有の統率術を演出する人物でもあった。

この点に水を向けてみると、こんな話を口にした。

「オレは別に国粋主義者でもなんでもないが、日本民族というのは固

有のなにかがあるんだ。お天ちゃんの命令ひとつで、いいか悪いかは別にして、あそこまで戦った。食うものも食わず、死ぬとわかってい て突き進んでいく。これは西欧の国々には見られんよな。戦後になって、たいがい西欧化されたが、どこかに民族の性根というものは残っておる。大西魔術なんていわれたが、別段、魔法の術をもっているわけじゃない。正気を超えたものを呼び起こすことをしたというかな。とにかくまともにいって勝てる相手じゃないんだ、ジュニアとはいえどもオールブラックスなんて」

〝水杯〟云々は、逆立ちしても岡には考えられない風景である。

大西と岡は世代としておよそ一回り違う。戦争体験についても戦場体験と空襲体験という相違がある。戦争の受け止め方もまた違う。世

代や体験の相違もさることながら、それは人としての〝組成〟の相違ではあるまいか。仮に、同じ戦場をくぐり抜けたとしてもそのことは変わるまい。ひとつの体験は無数の意味系を生み残す。同一世代や同一体験は個人に残すものにおける同一性を意味しない。人は、一人ひとり違うのだ。そのラグビー観においても、もちろん大いに重なりはありつつ、視点の微妙な相違は伝わってくるのである。

いえることはひとつ、ここ一番、乾坤一擲《けんこんいってき》の勝負、その戦闘指揮官としていえば、大西は岡より適任の人であっただろうということである。

日本代表チームのニュージーランド遠征は一九六八（昭和四十三）

年六月。このころ私は大学生であったが、東大医学部学生による安田講堂占拠、札幌医大の和田寿郎胸部外科教授によるわが国初の心臓移植、ワルシャワ条約機構軍によるチェコ侵入など大見出しの報道が相継いだ夏、ニュージーランドでの快挙を伝える小さな記事があったことを記憶する。

団長・金野滋、監督・大西鉄之祐、主将・尾崎真義（法大からトヨタ）。遠征第八戦目、オールブラックス・ジュニアとの一戦は北島にある首都・ウェリントンのアスレチックパークで行なわれた。宿舎のホテルから試合場に向かうバスの中、大西の吐いた言葉は「みんな死んでこい！」だった。

ジャパンの先発メンバーは以下の十五人である。

川崎守央（近鉄）　プロップ
後川光夫（リコー）　フッカー
猿田武夫（東京三洋）　プロップ
堀越　滋（慶大ＯＢ）　ロック
小笠原博（近鉄）　ロック
井沢義明（リコー）　フランカー
石田元成（法大ＯＢ）　フランカー
石塚広治（近鉄）　ナンバー8
大久保吉則（近鉄）　ＳＨ
桂口　力（九州電力）　ＳＯ
坂田好弘（近鉄）　ウイング

横井　章（三菱自工京都）　センター
尾崎真義（トヨタ自工）　センター
伊藤忠幸（リコー）　ウイング
万谷勝治（トヨタ自工）　ＦＢ

この試合、ウイングの坂田好弘は四トライを上げて得点王となった。前後半八十分。全神経を楕円球の出所一点に絞りながら、「十五人の吐く息、吸う息まで一致していたような試合」は他に体験していない。リードしてから終盤の数分、ノーサイドの笛が鳴るのがこれほど長く感じた試合もない。「もう五分長かったらグラウンドにぶっ倒れていた」ともいう。

終盤、「カモン！　ブラックス！」の悲鳴に似た大合唱が続くなか、

日本代表は二三―一九で逃げ切った。翌日の地元新聞には「ニュージーランドにとってもっとも暗い日」という見出しが載った。坂田の快足ぶりは「空飛ぶウイング」と形容された。

この二年後の一九七一（昭和四十六）年九月、大西ジャパンは、イングランドを日本国内で迎え撃った。ＩＲＢ（国際ラグビー機構）に加盟するナショナルチームの来日はこれがはじめてであった。イングランド協会設立百周年記念事業として、日本・香港・シンガポールへの極東遠征が実現したのである。

ジャパンのメンバーは、後川、小笠原、井沢、坂田、伊藤、万谷は対ニュージーランド戦と同じ。原進（近鉄　プロップ）、下園征昭

（新日鉄八幡　同）、寺井敏雄（新日鉄八幡　ロック）、山口良治（京都市役所　フランカー）、村田義弘（リコー　ナンバー8）、今里良三（近鉄　SH）、藤本忠正（早大OB　SO）、宮田浩二（新日鉄釜石センター）、島崎文治（東洋工業　センター）は新メンバーである。

試合を前に、奈良・天理で短期合宿が行なわれている。岡もコーチとして参加しているが、井沢、下園、山口と喫茶店で雑談したさいのことが記憶の隅に残っている。

日本のラガーマンにとって、ラグビー発祥の地、イングランドのナショナルチームを迎えることなど望外のことだった。もうこれ以上のゲームはない、二度とジャージーを着れないほどに痛めつけられても悔いはない、と異口同音にいったことである。

生涯にただ一度遭遇する最高のゲーム――。この後、ナショナルチーム同士が対戦するテストマッチは幾度となく行なわれていくが、選手たちの気構えとして次元の違うものがあった。そういう時代だった。

花園および秩父宮で行なわれた二試合、ともに接戦の好ゲームだった。とりわけ秩父宮の試合は、イングランドの勝利に終わったものの両チームトライなし、六―三の大接戦だった。午後七時キックオフのナイトゲーム。観衆はスタンドだけでは収容し切れず、溢れた観客はグラウンド近く引かれたロープに接して座り込んだ。グラウンド内外ともに素晴らしく盛り上がった。

旧来からのIRB加盟国とのテストマッチにおいて、日本代表チームが勝利したのは、一九八九（平成元）年五月、秩父宮における対ス

コットランド戦のみである（二八―二四、監督・宿沢広朗、主将・平尾誠二）。三十数年間、運動部に所属してラグビーを担当、この二つの歴史的ゲームも記者席で見ていた古老の新聞記者がこういったことを記憶する。

「勝ったという意味ではスコットランド戦が価値あるんだろうが、見ていて鳥肌が立ったという意味では秩父宮のイングランド戦ですね。日本代表が善戦したのは、作戦上のことよりも、タックルにつぐタックルが利いた。大男相手に捨て身のタックルです。ラグビーの原点といいますか、国内で見た最高の試合をあげろといわれればイングランド戦が浮かびますね」

対オールブラックス・ジュニア戦、対イングランド戦は、合理性と

精神性が一体化した、大西生涯の傑作であったろう。日本ラグビー史においても節目を刻むメモリアルゲームだった。

オール同志社および日本代表チームの一員として、二度にわたってニュージーランド遠征に参加したことは、坂田好弘のラグビー人生に新たな扉を開くものとなった。

この国でラグビーをしてみたい――内側からの誘《いざな》いは抗しがたく高まり、近鉄を休職、ニュージーランドへと渡った。一九六九（昭和四十四）年、二十七歳のときである。日本人ラガーマンのラグビー留学などはじめてのことである。

クライストチャーチにいる日本人は商社の駐在員が一人いるだけだ

った。面識のあったレフェリーのファガス・キャンベルの自宅にホームステイさせてもらい、カンタベリー大学クラブの一員に加わった。当時、大学クラブのヘッドコーチはディック・ホクリー。キャンベルも親日家で、これ以前に来日体験があり、早慶戦の笛も吹いている。当初、英語はさっぱり通じない。それでもラグビーはできる。センターからボールがほしいと思うとき、「イエス！　イエス！」と叫んだ。日本で「デメ」と呼ばれていたというと「デミィ」が愛称となった。

滞在期間はこの年のシーズン、四月から九月であったが、坂田はカンタベリー州代表、南島学生選抜、ニュージーランド学生選抜などに選ばれ、縦横の活躍をする。州代表チームのウイングとして対オール

ブラックス戦にも出場、トライを上げている。「サカタ」はニュージーランドでもっとも著名な日本人ともなった。

大阪体育大学の坂田の研究室を訪れたとき、馬の写真が掛けられていた。奇異に思って訊いてみると、「SAKATA」と名づけられたニュージーランドの競走馬であるとか。私がクライストチャーチに滞在していたときも、年配の人から複数、「サカタは元気にしているか」と訊かれたものだった。

ニュージーランド体験は、坂田のラグビー観の転機をうながすものともなった。ストイックで、こつこつ練習を重ね、鍛え、耐えること――。それが高校・大学・社会人で教え込まれたラグビーだった。それはそれで尊いものではあろうが、異なる価値観のラグビーもまた世

にはある。

深い芝生とクラブ制度。そして心からラグビーを楽しんでいる連中がいる。しかもタフで強い。合同練習は火木の週二日、技術は試合で磨くというのが彼らの流儀であった。練習時間だけをいえば日本選手は彼らの数倍やっていることになる。だが……。これまでやってきた自分たちのラグビーはどこか間違っていたのではないか……。その思いは、以降、かの地を訪れるごとに深まっていく。坂田が留学で出会ったものは、新たな〈スポーツ文化〉というべきものであった。

後年、坂田は大学ラグビーの指導者となるが、それは学生ラグビーのあり様を模索する長い旅路ともなった。その過程で、ひとつの制度の発案者ともなっていく――。

第5章　転機

1

盆地である京都の夏は暑い。その日、一九七三（昭和四十八）年八月十三日はとりわけそんな日で、京都地方気象台開設以来最高、気温三十八・六度を記録している。岩倉のグラウンドで事故が起きた。文学部の一年生部員が日射病に起因すると思われる心臓衰弱によって亡くなった。

部員は練習中、しんどくなったといって休憩を申し出、グラウンド側の木陰で休んだ。その場で他の部員たちと話し、水洗い場で水をかぶっていた姿も目撃されているが、その後、姿が見えなくなった。一

足先に帰ったのだろう……。練習後、部員たちはそう思った。監督の岡仁詩もマネージャーからそう耳にした。そして翌日、同じ岩倉にある同志社高校の生徒が登校してきたさい、体育館の裏手で倒れている部員を発見した。部員は救急車で病院に運ばれたが、すでに前夜、死亡していた――。事故を伝える翌日の朝日新聞の見出しは「死のグラウンド三十周――校内で翌日発見」と記されている。

いまも悔やんでも悔やみきれない。私のラグビー人生のなかで最大の痛恨事です――そう岡はいう。

記事だけ読めば、酷暑の中、死に至らしめるようなシゴキ練習が行なわれた――とも受け止められかねないが、とりたてきつい練習が行なわれていたわけではない。長野・菅平での合宿を前にした、通常

のものだった。そもそもシゴキなど岡のもっとも嫌悪するものである。

部員の体力という点でも、毎年、部員が入部してくると、岡は健康調査表をもとに一人ひとり面談している。練習後、部員の確認を怠ったという点は非難されようが、彼がその後、人目につきにくい場所で倒れていたとは誰も夢にも思わなかったことであった。

のち、その部員はアルバイトで忙しく、前夜も遅くまでバイト先で仕事をしていたことが判明している。睡眠不足のところへ、体力を消耗する夏期練習、通常の練習もオーバーワークとなって重大事故へと結びついたのであろうか……。気温や体調、悪条件が重なったという他にないが、部員が練習後に亡くなり、ひと晩放置されていたという事実は残る。

岡は同志社大学ラグビー部部長および監督を辞任、秋に予定されていた日本代表チームのウェールズ・イングランド・フランス遠征の監督も辞退した。気持はそれだけでは済まない。なぜあのときに……。焦燥し、飯も咽喉を通らず、夜も熟睡できない。一気に痩せ、日に日に体重が減っていくのがわかる。もうラグビーなどやめたいとも思った。自分を責め続ける日々が続く。

この頃、岡は京都・長岡京市に住んでいた。夜半、訪問者があった。出てみると、玄関口に男が立っている。宮地克実であった。三洋電機ラグビー部の本拠は群馬である。宮地は監督をつとめていたが、わざわざ出向いてきたのである。二人は黙って見詰め合った。

「先生、元気出してください」

そう宮地はいった。
岡に忘れがたい記憶を残している夜の訪問者であった。

このシーズン、同大チームは公式戦への出場を辞退している。岡に代わり、監督には岡より三学年上のOB山本勘兵衛が就任した。部にとっても空白のシーズンとなった。翌シーズン、同大は関西Aリーグに復帰したものの、ブランクは大きく、二年連続で天理大学が優勝している。
岡は岩倉のグラウンドから遠ざかった。岡を知るものはだれも、監督のせいで事故が起きたなどとは思ってもいない。早期復帰を促す声が強かったけれども、岡は吹っ切れない。再び事故を起こさないため

に何をすべきなのか。それをきちんとしないうちは復帰できないと思った。

事故から二年を経て、岡はラグビー界には戻っている。あらためて日本代表チームの監督となり、一九七五（昭和五十）年夏、オーストラリア遠征に出向いた。地区代表チームなどと対戦、通算四勝五敗の成績であった。ブリスベーンで行なわれた最終戦、オーストラリア代表ワラビーズとの対戦は二五―五〇で敗れている。試合内容は接戦であったが、ゴールキックの巧拙が点数差を広げてしまった。

またこの年、「アドバイザー」として、社会人チーム・神戸製鋼の指導にかかわった。神鋼が関西社会人Bリーグにあった時代であるが、亀高素吉（のちの社長）、さらに天王寺中学の先輩・柴垣復生から熱

心な誘いがあって引き受けたものである。

このころ柴垣は神鋼東京支社から神戸本社に戻っていた。この間の事情について、「選手に同じことをいっても、やはり他の人がいうのと岡君がいうのとでは響きが違うと思いましてね。あれだけの人材を遊ばせておくのはもったいないと思って頼んだように覚えていますが」とのことである。

岡のコーチングの成果もあったのだろう、Bリーグでの最終戦、神鋼はホンダとの一戦に勝ち、翌年からAリーグに定着していく。神鋼ラグビー部の練習場、神戸・灘浜グラウンドで行なわれたホンダとの一戦、追いつ追われつの壮絶な試合であったことを岡は覚えている。

事故から三年たった一九七六（昭和五十一）年、ようやく岡は同大ラグビー部の部長に復帰した。復帰にあたり、アタマにあったのは決して事故を繰り返してはならないということである。すぐに実行したもの、徐々に実現していったもの、あるいはテーマとしていまも残しているものなどに分かれるが、〝岡イズム〟はこの時代から明瞭に形づくられていく。

すぐに実行したのは、新入部員に対する緻密な体力測定と健康診断である。加えて、入部動機などのヒアリングである。大学ラグビー界の名門チームとはいえ、入部してくる部員たちの思いはそれぞれだ。将来の日本代表選手を目指すものから、余暇としてラグビーを楽しみたいという部員もいる。どちらが上でどちらが下ということはない。

あらためて思い至ったのは、〝平均的体力〟などないということである。同様に、〝平均的動機〟というものもない。部員一人ひとり、もって生まれた体力は異なり、気持も違う。詰まるところ、ラグビーとのかかわりは個人に、最適の練習量というものがもしあるとすればそれまた個人へと帰着していく。

チーム方針として、「個の重視」と「自主性」を前面に掲げて歩んでいくのはこれ以降である。

合同練習は原則週三日、時間はそれまでの半分、一時間半とした。シーズンに入ってからでいえば、土日が試合で月曜日は休み、火曜日が体力測定、水木金を練習日とした。三時からはじまる合同練習、四時半には終わってしまう。それから夕刻までは個人トレーニングに当

てられた。バーベルを手にするものもいればランニングに精を出すものもいる。しないで帰るものもいる。要は部員の裁量にまかせたのである。

ニュージーランドなどで一般的に採られている方法であり、この後しばらくして、神戸製鋼、三洋電機、大阪体育大学などでも同じような練習システムが採用されている。くしくも岡の〝門下生〟たちが指導者になっている部である。

岡の青年監督時、渋谷浩一がキャプテンであったことは触れた。OBになってから、渋谷は毎年のように夏合宿に姿を見せた。FWを鍛え込むのが自身の役目と心得ていた。教え方は、自身、学生時代に仕込まれた方法である。

先生、随分と変わりはった——と、渋谷は思った。

「渋《しぶ》、なんのためにこの練習をさせるんだ。鍛えるのはいいが闇雲に絞るのはいかんぞ」

「試合で組むスクラムの数はせいぜい二十回もあればいいところだ。百本スクラムなんて無意味じゃないか」

「学生をへばらしたらいかん。へばると人間、思考が鈍くなる」

渋谷流特訓に、岡はしばしばストップをかけた。渋谷からすれば不満の出るところである。それらしきことを口にすると、きつい口調でこう言い返された。

「渋よ、部員が亡くなるという辛さがお前にわかるか」

岡との長い付き合いのなか、そのようなものの言い方をされたのは

はじめてである。あらためて、事故が岡に与えた苦しみを知ったように思った。

岡によれば、個の重視も自主性も、もともと志向としてあったものだった。海外のラグビー事情を見聞きすることも大きかった。ゆるやかに変わろうとしていた時期、事故がそれをより促した、と。事故は岡に奈落の底をさまようがごとき試練を与えたが、生かすべき教訓も残してくれたのである。

チームを手っ取り早く強くすることだけを目標とするなら、個の重視も自主性も不要である。人間、強制がなければ自身に甘くなるのが常だ。けれども、逆もありうる。個人練習において、ダッシュの苦手な選手はダッシュを、スタミナが乏しい選手は長距離を走り込めばチ

ーム力全体が向上する。以降、同大ラグビーの強弱の波は、〈個人〉が好回転したときは強く、そうでないときは不振という見方も成り立つ。

練習メニューについては、当初は岡が考え、キャプテンに提示していたのであるが、やがて逆、キャプテンから上がってくる案を検討し了承するという形になっていく。試合に出るメンバーもそうである。口を出すことはあっても、事実上、部の運営はキャプテンに、つまりは部員たちにゆだねたのである。

ゆだねることに不安は感じなかった。人はしばしば間違いを犯すものである。犯したら改めればいい。それに、そもそも部は部員のものであって部長でも監督のものでもない。失敗を引き受けるのもまた部

員たちなのだ、と。

学生を信じるのかどうか、信じられなかったら指導者はやめないといけない——岡は何度かそう口にした。〝岡イズム〟のエートスはこの言葉に集約されてあるように思えるのである。

さらに制度上のことでいえば、復帰して数年後のことになるが、監督制を廃止し、ヘッドコーチ制を敷いたことがある。このことも事故にかかわりがある。

日本のスポーツ界で広く使われてきた「監督」という言葉。語源は「監視・督励」の略語であろうか。グラウンドやコートにおける指揮とコーチングの長を意味するヘッドコーチ、あるいはフィールド・マ

ネージャーという英語とも微妙にニュアンスが異なる。監督とはそれ以上の職分も含んで使われることが多いからだ。

その語源からしても職分の曖昧さからしても、岡は「監督」という言葉に引っ掛かりを覚えてきた。さらに事故の影響である。

かつて岡もそうであったように、ラグビー部の監督は歴代、他に仕事を持ちつつ、ボランティアとしてOBがその任に当たってきた。OBの立場からすれば、引き受けたのはグラウンド内の指揮とコーチングであって、さまざまな管理事は埒外であろう。けれども、そうは理解されず、〝全責任者〟とも受け取られがちだ。これでは引き受けてくれるOBに気の毒である。

事故は二度と起きてはならないことであるが、可能性は常にある。

学生個人が引き起こす不祥事もある。そのとき誰が責任者となるのか。部長である大学人が引き受ける他にない。責任体系として、もろもろの管理責任を部長に、グラウンドの指揮責任をヘッドコーチに、というのが岡の描くヘッドコーチ制の趣旨であった。

このことはなかなか理解してもらえなくて――と岡はこぼす。このあたりの論理が「理屈っぽい」といわれる所以でもあろうが、そこに、岡が生涯背負った傷の深さを見ることもできるだろう。

さらにいえば、「監督」という言葉が長い歴史のなかで染み込んだ言葉であること、詰まるところそれは日本の〈スポーツ文化〉にかかわりあることなのだろう。部内の名称ではヘッドコーチでありつつ、新聞紙上では「監督」と伝えられたりする。これも長い慣習のなせる

ことだろう。
ともあれ、以降、定年退職するまで、岡はラグビー部部長であり続け、OBが監督・ヘッドコーチをつとめた。例外として、岡が監督兼務をした年が一年だけある。事情があった。そのことは、その年が登場する次章で記したい。

2

林敏之という若者を岡が目に止めたのは、奈良・天理高校のグラウンドであった。高校日本代表のセレクションが行なわれており、岡も顔を出していた。背丈があってがっちりしている、タックルがいい、すぐ起きあがってプレーに入る、足もある。これは逸材だ……。

岡の学生時代、立命館大学に撫佐祐司《むさゆうじ》という巨漢ロックがいた。全関西学生チームにも選ばれた選手であったが、のち婿養子先の林に姓を変えた。徳島城北高校からやってきた若者がその息子であることを耳にした。

夜、宿泊施設の風呂場で一緒になった。若者はほれぼれするほどいい体をしている。太い腿、V字形の上半身に柔らかなぶ厚い筋肉が載っている。親父さんより上だな……。岡は舌なめずりしながらいった。

「どうだい、来年の進学、うちの大学も考えてみないかい」

一九七七（昭和五十二）年春のこと。振り返っていえば、同大ラグビーの第二期黄金時代は、風呂場での、このひと声からはじまったといえるかもしれない。

のち、林は日本を代表するロックとなった。口髭にヘッドギア。無骨な出で立ち。ボールを持って走る、相手にぶち当たる、タックルに入る……。ワンプレーがスタンドのどよめきを誘うプレーヤーだった。強烈無比のタックルに「壊し屋」という異名も授かったが、ラフプレーは決してしない。クリーンなプレーヤーでもあった。身長百八十四センチ。ロックとしては寸足らずともいえようが、私の知る限り、日本ラグビー界が生んだ最強のＦＷとして浮かぶのは彼の名前である。ラグビーはチームプレーが尊ばれる競技であるが、チーム力が格段にアップするには「突出した個人」が不可欠である。そういう個人がいるときチームは好成績を残す。それが、岡が長い歩みのなかで学んだ経験則だった。林はまさにそういう選手であった。

林は四年生時、キャプテンをつとめ、岡との交わりを深めた。キャプテンとなってまもなく、チームの統率ということで悩んだ時期がある。岡と二人、たまたま京都御所内を散策したおりがあって、そんな悩みを口にした。

「チームはまずはキャプテンのものなんだからお前さんの思う通りにやってみたらどうだい。うまくいかなければいかなかったでそのときに変えればいいいんだから」

そういわれて、すーっと気持が楽になった。常に柔らかい答えが返ってくる。岡は「ジェントルマン」だった。

一方、グラウンドに立つと、普段は制御されている熱い感情がふっと立ち現われるおりがある。失敗には寛容であったが、他のプレーヤ

ーのことを考慮しない「思いやりのないプレー」には手厳しい叱責が飛んだ。理性と感情がまだら模様に混在している人――それが岡という指導者だった。

岡の知る林は「純朴青年」である。毎年、チームはキャプテンの持ち味によって染まる部分がある。練習前後、あるいは試合前のロッカールーム。林キャプテンはしばしば、気持が一杯になって涙ぐんだ。横溢する気持がまた彼のプレーに映し出されていた。

林が同大に入学した前年からであるが、同大の夏合宿は長野・霧ヶ峰の麓、車山《くるまやま》で行なわれるようになった。菅平は各チームが押し寄せてたて込み、〝合宿銀座〟となる。それを避けて、じっくり練習に取

り組もうというのが転地した理由である。
林の一年生時、ニュージーランド人の臨時コーチがやってきた。ディック・ホクリーである。大学ラグビーにおける外国人コーチもいまや珍しくないが、これが本邦はじめてであったろう。岡や金野との交友があって実現したものだった。

同大チームのニュージーランド合宿に同行したさい、クライストチャーチで私ははじめてホクリーに会った。老優となったロバート・レッドフォードに似ていなくもない。親切で温厚、古き良きラガーマンのお手本のような人物であった。工芸・理工技術系大学校《ポリテクニック》の副学長をつとめつつ、ラグビーとのかかわりを続けているとのことだった。

ホクリーは親日家で、自身、ポリテクニックで日本語を学び、片言

の日本語を話した。「ダイマル、とてもいいプレーヤーでしたね、いまもラグビー続けていますか」と問われた。ダイマル——とはチーム内の林敏之の愛称である。タフで頑健な若者はホクリーのお気に入りであった。

車山でホクリーが教え込んだのがモールプレーである。ボールをキープしながら、FWがスクラムを組むように「壁」を形成しつつ、相手陣の薄いところを突き進んでいく。いまやドライビングモールは、敵陣近くのマイボールラインアウトからトライをあげる確実な手段ともなっている。現代ラグビーにおける一般的な戦術となったが、はじめて本邦に持ち込まれたのがこのときであった。

ゆっくりね、真っ直ぐね——ホクリーの口調が林の耳もとに残って

いる。スクラムと同じね、ということもよくいわれた。ゆっくりと組み、周りのＦＷと力を合わせて同じように真っ直ぐに押せ、と。

ホクリーの教え方は、岡にとってもおおいに参考になった。コーチは選手たちに、ついつい高度なプレーを教えたがる。しかもいかに素早くやるかを強調する。ホクリーの方法はその逆、一見やさしいプレーをゆっくりと繰り返し教えていく。ホクリーは岡の問いにこう答えたものだ。

「ゆっくりやってできないプレーを早くできるはずがありません」

ホクリーは夏合宿から秋にかけて滞在し、新しいＦＷプレーを教えこんだ。さらにこれ以降も何度か来日している。そのつど同大ＦＷはモールプレーに磨きをかけていく。

林の学年から二年下、ＦＷの核となるもうひとりのロックが入部してきた。京都・伏見工高出身の大八木淳史である。百九十センチ。背丈は林よりある。以降長く、四番林・五番大八木が、同大・神戸製鋼・日本代表の看板ロックとなっていく。

高校三年生時、大八木は高校日本代表に選ばれ、ニュージーランド遠征をしているが、このおりの団長が岡であった。戦歴は六戦全勝。その年齢時の完成度という点で日本の高校生のラグビーレベルは高く、海外遠征でも常に好成績を残している。

伏見工高のラグビー指導者は〝泣き虫先生〟で高名な山口良治。伏見高を全国屈指のラグビー強豪校に育てた。ドラマ「スクールウォー

ズ」のモデルともなった。山口と岡。人物像は好対照にも思えるが、身近に二人と接した大八木によれば、「意外と似ている」という。

山口は文字通りの熱血先生であったが、ラグビー理論においては新しいものを取り入れるのが好きな人だった。岡はもちろん「京都人のハイカラ好み」で、「めっちゃ新しもん好き」。立ち居振舞い、岡は外見クールであるが、「本当はめちゃめちゃ熱い人」。根性という言葉は決して口にしなかったが、「実は根性派の一面もある」というのが大八木の語る岡であった。四番・五番の岡像は多分に重なっている。

岡の見るところ、大八木は「茶目」であった。その風貌からして、立ち居振舞いは一見、粗野に見えるのであるが、それは他者に映っているであろう自身のイメージに応えんとするサービス精神でもあって、

繊細かつシャープな男というものである。練習も人一倍する選手だった。

同大一年生時、大八木のいう「二十二メートル事件」が起きる。大八木を、また岡を語る上で格好の素材ともなっている。

一九八一（昭和五十六）年一月一日。秩父宮での対法大戦、大学選手権の準決勝である。試合は接戦で、後半途中まで法大がリード。同大陣からのドロップアウトとなった局面で〝事件〟が起きた。

大八木がボールを手にしていた。キックの得意なバックスにゆだねるべきところ、自身でドロップキックした。深く考えて選んだプレーではない。右方向、法大陣の手薄な逆方向へぽんとキックした。「茶目っ気」が出た。意表を突くプレーではあったが、飛んだ場所がいけ

ない。ボールは相手ウイングの胸にすっぽり収まり、あやうくトライを奪われかけた。試合は終盤、同大FWが地力を発揮して逆転するが、問題のプレーではあった。

試合が終わって、岡は記者団に問い詰められた。

「一年生があんなプレーをして……。岡さん、許しているんですか」

岡は言葉を濁した。内心、違うんだ、と思っていた。やりとりを重ねたが、記者たちは納得いかない顔をしたままだった。

その夜、上野の宿舎・法華クラブへ記者が訪ねてきた。かつて東京遠征の宿舎は本郷にある旅館であったが、法華クラブの支配人が戦前、同志社高商のラグビー部ＯＢであり、そんなところからこちらを使うようになった。訪ねてきたのはベテランの放送記者で、岡とも顔馴染

みであった。試合後の問答に納得いかず、訪ねてきたという。

岡が彼にいったことはつぎのようなことである。

一年生云々ということについてはいうほうがおかしいと思う。グラウンドに出れば四年生も一年生もない、みんな平等だ。大八木のやろうとしたプレーはセオリーにはない。けれども、意表をつくものでおもしろいじゃないか。そのときどき、選手の判断で自由なプレーが許されるのがラグビーだ。問題があるとすればキックが下手でピンチを招いたことだ。大八木には、またやるならドロップキックの練習をするようにといっておきましたが、と——。

いま問われても同じことをいうでしょう、と岡はいう。

この翌年、花園で行なわれた三洋電機との招待ゲームで似たことが

起きた。自軍でペナルティのボールを手にした大八木、意表をつくチョン蹴りからボールを手にして走った。FWのフォローアップが良く、この後のラックを連取、大八木のプレーからノーホイッスルトライが生まれている。スタンドで見ていた岡は思わずにんまりしたものである。

法大戦の翌日、大八木は四年生のキャプテン、フランカーの横本吉史に呼び止められた。きっと叱られる、明大との決勝戦は外されるかもしれん……。

けれども、横本はドロップキックには何も触れず、こういった。

「明日の明治戦はスクラムだ。スクラムで負けたら試合は負けだ。ダイマルとお前が頼りだ。とにかく押せ。頼むぜ！」

拍子抜けした。のちになって大八木は思った。横本さん、岡先生にいわれたんだろうな、大八木を叱っちゃいかんと――。

3

一九七〇年代後半から八〇年代はじめ、重戦車FWを擁する明大と、モールプレーを得意とする同大の大型FWの激突が大学選手権の華となった。一九七八年度一五―一九（準決勝）、七九年度三―六（決勝）と、同大は惜敗するが、頂上が目の前に見えてきた感はあった。八〇年度、法大を破って迎えた明大との決勝戦、同大からすれば三度目の正直である。

一九八一（昭和五十六）年一月三日、国立競技場。好天の日で、観

衆は四万人と発表された。同大、明大のフィフティーンは以下の通りである。

大原茂桂（三年　塔南高）　プロップ
井上雅浩（四年　天理高）　フッカー
中山敬一（二年　同志社高）　プロップ
林　敏之（三年　徳島城北高）　ロック
大八木淳史（一年　伏見工高）　ロック
林昌一郎（四年　同志社高）　フランカー
横本吉史（四年　松山聖陵高）　フランカー
豊田典俊（四年　島本高）　ナンバー8
萩本光威（四年　報徳学園高）　SH

森岡公隆（四年　長崎南高）　SO
菅野有生央（四年　同志社高）　ウイング
白川住朗（二年　天理高）　センター
西　正人（四年　徳島城北高）　センター
西村一知（四年　諫早高）　ウイング
平田良作（三年　広島工高）　FB

梨木清隆（三年　新潟商高）　プロップ
藤田　剛（二年　大工大高）　フッカー
畠山一寿（三年　秋田工高）　プロップ
仲村綱城（三年　函館有斗高）　ロック

川地光二（三年　熊本工高）　ロック
岸　直彦（二年　国学院久我山高）　フランカー
遠藤敬治（三年　松山西高）　フランカー
瀬下和夫（四年　秋田工高）　ナンバー8
窪田　穣（三年　目黒高）　SH
砂村光信（四年　国学院久我山高）　SO
平井一明（四年　目黒高）　ウイング
小林日出夫（一年　目黒高）　センター
坂本龍二（三年　日田高）　センター
齊藤信泰（三年　筑紫高）　ウイング
橋爪利明（四年　大工大高）　FB

両軍ＦＷの平均体重は八十数キロ。二十年前、第一期黄金時代の同大ＦＷと比較すれば、およそ十キロ重たくなっている。さらに高校の出身校が全国に広がっている。ＦＷの核は林・大八木、さらにナンバー８豊田であるが、明大ＦＷも強力だった。フッカー藤田、ロック川地、ナンバー８瀬下らは、のち日本代表選手となった選手たちである。明大史上、最強のＦＷともうたわれていた。

両軍ＦＷが激突、一進一退、無得点のまま均衡は破れない。前年の決勝戦も双方ノートライ、ペナルティキックの成否が勝敗を分けた。チーム力がよほど拮抗していたのだろう。

前年と違うのは、同大のジャージーであった。明大は紫紺と白。同大は紺とグレーがファーストジャージーであるが、似ているので、定

期戦では明大は白、同大はグレーのセカンドジャージーを使うのが習わしとなっていた。前年は雨残りのグラウンド、ジャージーが泥んこに染まって敵味方の判別がつかず、同大はチャンスボールをミスパスする一幕もあった。

その経験をふまえ、この年から同大は、セカンドジャージーをワインレッドの地色、黄色の細い横線が入ったものに変えた。

同大のスクールカラーは紫である。創部以来、ファーストジャージーが紺とグレーであるのは、明治の終わりに届いた「船便のせい」である。一九一一（明治四十四）年、ラグビー部が創設されたが、ジャージーなるものを見たものがなく、英国から取り寄せたところ、届いたジャージーの色がたまたま紺とグレーであった。呉服屋に同じもの

をつくってもらい、それが自然とファーストジャージーになっていったという。

――前半半ば過ぎ、明大陣の右隅、オフサイドで同大はチャンスを得た。この位置からペナルティキックはない。ボールを手にしたＳＨの萩本の脳裏には即、「バクダン」という言葉が閃いた。

萩本はのち神戸製鋼に入り、強力ＦＷをうまく使うことにおいて秀でたＳＨとなった。引退後、神鋼ヘッドコーチを経て日本代表監督もつとめた。

大学入学時、萩本はＳＯとして入部してきた。ＳＨにコンバートしたのは岡である。岡の見るところ、ＳＯというには足がないが、反面、腰が据わったパスは伸びる。加えて、パス、キック、持ち込んで突っ

込むの状況判断がいい。FWを生かすSHになってくれるだろう……。

入学時、萩本は高校とはまるで違う環境にとまどったものだった。兵庫・報徳学園高時代の練習はいわゆるスパルタ方式の繰り返しだった。大学では合同練習の時間は短く、一見、練習は軽い。個人練習はサボろうと思えばいくらでもできる。けれども誤解であったことを知っていく。主力選手は目の色変えて個人練習に取り組んでいる。練習をしないとレギュラーの確保はおぼつかない。部風は自由ではあったが規律はあった。二年生時、一時レギュラーを外され、以降、朝のランニングを日課とした。いつしか、萩本はこう思うようになった。自主性ほどしんどいものはない、と。

バクダンは複雑なプレーではない。サインプレーと見せかけつつ、

林の突破力を生かして遮二無二トライを奪おうとするプレーである。萩本から短いパスを受けた林は、そのまま真一文字に突進、明大の防御陣を突き破り、インゴールにボールを捻じ込んだ。二年越しのトライであった。

このトライが流れを決めた。後半に入り、同大は風下に立ったがFW戦で優位に立ち、モールプレーで前進を繰り返す。後半十二分、明大陣に入り、大原のタックルではじき飛んだボールを手にした萩本が絶好のタイミングでウイングに飛ばしパス、菅野が快足を飛ばし左隅に飛び込んで加点する。明大はペナルティゴールで追い上げるも及ばず、同大が一一―六で勝利を握った。大学選手権発足以来初、実に十六度目の挑戦で得た悲願達成であった。

素晴らしいゲームでした、今日ばかりは冷静にゲームを分析することができかねます――。そんな岡の談話が残っている。事故の年からいえば七年半、五十一歳の日であった。

第6章　雪辱

1

その試合は、ラグビー関係者の間で、いまも〝事件〟として語られることがある。事実、ひとつのジャッジが、一人の選手のその後に、また笛を吹いたレフェリーのその後にも影を落としたという意味において、それは空前の試合であった。同志社大学が久々、大学選手権に優勝した翌年のこと、一九八一（昭和五十六）年度の大学選手権準決勝、対明大戦である。

この年、同大のチーム力は前年を上回るものがあった。林・大八木の両ロックは健在であり、バックス陣には、前年の全国高校選手権の

覇者・伏見工高の主将、ＳＯの平尾誠二が加わった。

走って良し、蹴って良し、パスして良し。視野が広くてセンス良し。おまけに貴公子然とした風貌の、なにもかも揃った選手であった。平尾は同大卒業後、神戸製鋼で選手生活を送る。その後、若くして日本代表監督となり、いまは神鋼コベルコスティーラーズのゼネラル・マネージャーをつとめつつ、日本ラグビー界の顔として活動を続けている。

高校在籍時、すでに著名選手であった平尾のもとには、関東の大学からも誘いがあったが、同大を選んだ。三年生になって間もなく、岩倉の練習を覗いたことがある。厳しいながらも自由な雰囲気が感じられて、笑顔の選手たちがいた。ここなら自分に向いていると思った。

山口良治から岡仁詩へ。「出会った順序がよかった」と平尾はいう。十代半ばから後半期、若者にはなにより熱いハートが必要だ。十代後半から二十代へ。大人への入口にさしかかった若者は「なぜ」という理の世界を求めていく。それぞれに応えてくれる格好の指導者が山口であり岡だった。

平尾にとって岡は、まずは「びっくりするほどラグビーを知っている人」だった。理論に長けた指導者であったが、同時に「問いかけてくる人」が岡だった。「こうせい」といわれたことは一度もない。逆にしばしば「お前、どう思う?」と訊いてくる。訊かれると人は考えるものだ。よりラグビーを知りたく思う。それが自身の成長を促す。

平尾はこれまでのラグビー人生でもっとも影響を受けた人物に岡を

挙げる。後々まで耳に残った言葉は、「人間のすることとやからなぁ」「しゃあない」という吐息まじりの〝連結語〟である。理屈を超えたもの。それが〝究極の岡理論〟ではないかとも思う。

人間のすることだから自由に発想できる。また一方、人間のすることであるからミスもあれば間違いもある。楕円球のボールはバウンドすればどこに転がって行くかわからない。のち、平尾は日本代表チームの主将や監督になってから、この連結語をしばしば口にした。そのつど、若き日に接したラグビー指導者の顔が懐かしくよぎるのだった。

岡に映る平尾は「打てば響くコンピューター」だった。ゲームの流れを常に把握し、いま選択すべきプレーと指示を瞬時に割り出す。バックスにもう一枚の「突出した選手」を得て、チーム力はさらに充実

した。

〝事件〟が起きたのは一九八二（昭和五十七）年一月二日、国立競技場。試合後半、十九分であった。

ここまで、前年と同じく、同大・明大の重量FWが衝突、骨きしむがごときFW戦が続いた。前半、ペナルティゴールの応酬のあと、平尾と並ぶ期待の新人、大阪工大高からやってきたウイング東田哲也がサインプレーから手にしたボールを持って快走、トライを決めて同大がリードする。

東田は強くて頑健、加えて「とにかく明るい子」であった。四年生時、左膝の靭帯を痛め、腿の腱を膝に移植する手術も受けている。卒業後はワールドに入る。ハンディを抱えつつ選手生活を送るが、三十

八歳まで、同世代のラガーマンのなかでは誰よりも長い現役生活を送った。ワールド本社に訪ねた日があるが、怪我があったから逆に長く現役を続けられたという。岡のいうように、実にほがらかなる人だった。長く第一線に立ったことは、前向きな性格も大いに寄与したのだろう。

後半、明大が攻勢に転じ、一進一退となる。同大陣に攻め込み、ゴール前で激しいラック状態となった。もみ合いのなか、同大ウイングの大島真也が退場を宣告された。レフェリー高森秀蔵のジャッジは、大島が明大選手の顔を故意に踏みつけたというものだった。

このゲームを私はテレビで見ていた。大島がラックの中に突っ込んでいくシーンは映し出されたが、明大選手を踏みつけたというような

場面は見られない。ビデオを見返しても同じである。試合後、顔を踏まれたという明大の選手が現われなかったこともあって、ミスジャッジではなかったかという声がいまもささやかれている。

伏線はあった。ここに至るまで両軍FWが過剰にエキサイトし、高森レフェリーは二度、三度、注意を与えている。それが、ラックのなかの瞬間的な一動作に過敏に反応する笛となったのか……。事実はわからない。はっきりしていることはただひとつ、レフェリーがラフプレーがあったと判断したらそれはラフプレーだということである。それがラグビーの鉄則である。

大島の退場で十四人となった同大は一気に崩れていく。ナンバー8阿部慎二がウイングに回り、七人となったFWはスクラムトライまで

奪われ、七―二〇で同大は敗れ去る。

レフェリーに退場を宣告され、ええ！　僕が？　と自身を指差している大島の姿が画像に残っている。

大島真也、四年生。京都・花園高からやってきた。岡によっても同級生のキャプテン林敏之によっても、大島は「ヤンチャ坊主」であり「問題児」であったが、ナイーブなところが見え隠れする若者でもあった。ゲームでは、気性の勝った一本気な性格が出るウイングであった。もちろん、ラフプレーをする選手という意味ではない。二年生の一時期、「気まぐれが出て」退部をしている。退部中、全国を旅行して回っていたのであるが、その時期、留守宅に何度か電話をくれたの

が岡だった……。

退場を宣告された大島は、フィールドの外に出たものの、アタマは真っ白となり、いまもその直後の記憶は曖昧である。正面スタンドに向かってとぼとぼと歩いていったが、スタンドの声や風景は一切残っていない。視野狭窄になったがごとく周辺が霞み、目の前に白っぽい一本の道がぼーっと浮かんでいる。その〝道〟の向こうに、人が立っていた。スタンドから降りてきた岡だった。目が合った。その目線がなんとも優しかった――。

何が起きたかと問うことなく、「ロッカールームに入っているように」とだけ岡はいった。大島は部屋の隅にうずくまるように座り込んだ。しばし大島の側にいた岡はドアを閉めて出て行った。まもなく、

先頭で入ってきたキャプテン林の顔を見た瞬間、チームが敗れたことを大島は知った。

　敗北したチームのロッカールームは重苦しい。しかも尋常ではない出来事が起きた末の敗戦。だれもが座り込み、押し黙ったままだ。

「申し訳ない。俺を許してくれ！」。大島の涙声が響いていた。競技場から宿舎へ向かうバスが出るという知らせが何度か届く。選手たちはようやく立ち上がったが、大島はへたり込んだままだ。岡が迎えにやってきた。その顔を見たとたん大島は号泣した。涙が止まらない。岡に抱きかかえられながらようやく、ロッカールームを出た。

　翌日の新聞には、試合後の談話として監督（ヘッドコーチ）の伊藤武と、部長・岡仁詩の談話が掲載されている。伊藤は一九六〇年代後

半に現役期を送ったSHで、監督としてこの年が三年目。レストランの経営者である。

「ラフプレーによって退場者を出したということ自体、同志社の敗北です。ラグビー部あげて反省します」（伊藤）

「五万人を超える大観衆のなかで決断のジャッジを下されたレフェリーに敬意を表します。ゲームをスポイルして誠にもうしわけない。ただ、退場を宣告された選手の将来のためにもプレー上の出来事を責めるつもりはありません」（岡）

伊藤・岡の談話は、いいたいことを毫《ごう》も口にしなかったという意味で〝痩せ我慢の美学〟ともいわれた。

その夜、宿舎の法華クラブの〝残念会〟は荒れた。深夜になっても、

ＯＢの一部が泥酔し、選手たちを巻き込んで不満をぶちまける。憤懣やるかたない気持が歪んだ形で噴出した。そんな光景を目にした岡は珍しく激怒した。レフェリーが信じられないならラグビーなどやめろ、今後一切、ジャッジについて口にすることを禁じる、と。翌朝、選手たちが集まった場でも、同じことを繰り返し、さらに、一般の泊まり客がいるホテルで深夜まで騒いだことは社会常識にもとる行為であり猛省を促すと言い渡した――。

外に向かっても、内輪の席でも、ジャッジの可否にかかわることを岡は一切口にしなかった。けれども……。ハラの底で渦巻いていた想いはもちろん別のものであった。その夜であったか、京都に帰ってからであったたか。岡はひそかに決意した。そのことも口にすることはな

かったから長くだれも気づかなかった。

2

大学選手権が終わり、三年生以下の部員が次年度の新キャプテンを投票で選出すればシーズン終了となる。部の監督（ヘッドコーチ）を選出するのはＯＢ会（同志社ラグビークラブ）の理事会（当時幹事会）である。退場事件もあって伊藤は退任を表明していた。事件が部の運営にも影を投げかけていた。次期監督は岡以外に見当たらないというのが理事会の総意であった。

かつて起きた死亡事故の教訓のひとつとして、岡は部長・監督を兼任することはしないと決めていた。それに、この年の春まで学生部長

の任にあって多忙を極め、高血圧の持病もあって体調もいまひとつであった。

それやこれやはあったけれども、「一年限り」ということで、岡は部長・監督の兼任を受けた。汚名を晴らすには、次年度において結果を残すしかない。深く傷ついたままに卒業していった部員のためにも。もし結果が出なければラグビー指導者であることをやめるまでだ……。

いま振り返っていえば、もっともしゃかりきにやった一年といいますか、あの一年で燃え尽きたといいますか、そんな一年でしたね――

一九八二年度のシーズンをそのように岡はいった。

岡は毎日、岩倉のグラウンドに出向いた。春、新入部員が顔を揃えた時点で、その年のチーム構成の案が浮かんでくる。この年、バック

スに新しい人材が加わった。宮崎・延岡東高からやってきたSO松尾勝博である。なにもかも備えているという意味で平尾に似ていた。平尾ほどのスピードはなかったが、感覚的なプレーをする。ゴールキッカーもこなした。松尾はのちワールドに入り、日本代表チームのSOもつとめた。

この松尾をSOに起用し、平尾をインサイドセンターに回す構想を固めた。試合中、その位置にかかわらずSOからのボールを受ける第一センターで、第二の司令塔ともいえる。平尾はSOも十分こなしたが、着実なプレーで多く、自身の持ち味を殺しているように映るときがある。より奔放に動けるセンターが向いているのではないか……。

春から夏、チームづくりは順調であったが、夏から秋にかけて凶報

が相継いだ。
夏合宿の最終日、松尾が左足首を骨折する。さらに秋口、十九歳にして日本代表に選ばれた平尾がジャパンA・Bマッチで右膝のお皿を割ってしまう。ともに一年間はゲームに出られない重症と判明した。バックスの飛車角がリタイアし、加えて、チームの要・ナンバー8のキャプテン阿部慎二が腰痛でダウンした。さらにはバイスキャプテンのセンター白川佳朗も手の甲を骨折、一時戦列を離れた。秋の慶明との定期戦はともに敗れている。文字通り、チームは満身創痍となる──。

阿部は北海道の砂川南高の出身である。北海道ではラグビー部のあ

る高校は少なく、また京都の大学に来るものは少ない。

阿部のポジションは高校時代からナンバー8。五十メートル走を五秒台で走る俊足で、三年になって高校ジャパンに選ばれている。早明からの誘いもあったけれども、「自由なラグビー」「面白いラグビー」を掲げる同大に魅力を感じていた。菅平に召集された高校ジャパンの合宿ではじめて岡と顔を会わせている。その後、岡から手紙をもらったことが同大を選択する気持を固めさせた。

岡の指導は「論理的」だった。バックスがパスすべきところを蹴ってしまう。よくあることだ。岡はバックスの判断ミスを指摘するより、なぜキックに追い込まれたかを見ている。トイメンの相手バックスに詰め寄られていたから、それは相手バックスの出足がよかったから、

元はといえばスクラムでの味方FWのプッシュが足りなかったから……というように、「前の前の前から」ワンプレーの拠ってきたる所以をきれいに解いてくる。

阿部の四年生時、同大の「自主性ラグビー」はさらに円熟していた。週の練習メニューは、土日はB（二軍）・A（一軍）の試合、月曜・休み、火曜・走力測定、水曜・コンタクトプレー、木曜・練習ゲーム、金曜・コンビネーションプレーなど。三時半からはじまる合同練習は五時にはぴたっと終わった。その後、ラインアウト、ハンドリング、走り込みなどの個人練習に移るが、このような練習メニューを阿部は白川と相談して決めていた。試合に出るメンバーを含め、岡が口を出すことはほとんどなかった。

阿部は岩倉にある寮に住んだ。木造二階建てで十四室。二人部屋で、住人は二十八人である。ここに住む住まないは部員の自由であったが、キャプテンは寮に住むことが決まりとなっていたからである。

四年生時、阿部は椎間板ヘルニアに悩まされた。毎日、練習には出ていたが、秋口、慶明との定期戦も欠場している。ようやく癒えたのが師走、大学選手権を目前にした時期であった。

メンバー構成で不安はあった。平尾・松尾の穴は埋まりようがなく、SH・SOのハーフ団は一年生の児玉耕樹、坂元寿彦が抜擢された。児玉は俊敏な動きをするSHであったが、なんといっても一年生、過度の期待はできない。

けれども、シーズンが深まるにつれ、阿部は手応えを感じていた。

この年、部員は百人を超える大所帯になっていた。同学年の四年生の多くは控え選手であったが、率先してレギュラーチームの練習台になってくれた。センター早川雅一、ウイング松井俊也は秋以降ゲームに起用された四年生であったが、遜色のないプレーを見せてしっかり穴を埋めた。

もうひとつ、記憶する思い出がある。寮の側に軽食喫茶があって、一人で夕食を取っていた。八時過ぎ、外は真っ暗である。窓の外を眺めていると、この時間になって、一人、もう一人、また一人と、ランニングから帰って来る部員の姿が見えたことである。世評、同大の練習は軽いと伝えられることがあったが、そんなことはなかったのである。今年は勝てる……外を見ながら阿部はひそかにそう思った。

主将であったことから、阿部は岡と接触することが増えた。この年、岡が岩倉に姿を見せなかった日はない。静かに立っているだけではあっても岡がいるとグラウンドの空気が違う。岡は固有の存在感をもった人だった。その姿は、過去三年間、見慣れたものではあったが、この年、どことなく違う気配があった。平尾・松尾がリタイアしてからは、部員たちがグラウンドに来る前に一人やってきてたたずんでいる姿も見かけた。きっとあの日からなんだ……と阿部は思っていた。

一年前のゲーム。大島が退場となり、阿部はナンバー8からウイングに回った。十四人でも勝てると思いつつ、気持の張りが抜けていく。どうすることもできなかった。そして夜の法華クラブ。いくら飲んでも酔えない、むなしい夜だった。日頃は温和な岡のあんなにも怒った

顔を見たのははじめてである。その心境を訊いたことは一度もない。けれども、自然と波動してくるものがあって、固く期するものがあることを阿部は知っていた。

大学選手権の決勝戦の相手はまたも明大だった。試合日は一九八三（昭和五十八）年一月九日。宿舎の法華クラブに入ったのが七日。八日は国分寺にある新日鉄の芝グラウンドを借りて練習を行ない、翌日に備える。例年通りの日程である。

試合当日。朝食を済ませ、畳部屋の広間で最後のミーティングを行ない、終わると迎えのバスに乗り込み、千駄ヶ谷の国立競技場に向かう。バスに乗る前、激励電報の披露があって、マネージャーが寄せられた電報を読み上げはじめた。京都市長、同志社大学学長、同大ラグ

ビークラブ会長……。これもまた例年通りの発信者である。最後のものは、一年前、部を去っていった卒業生からのもので、電文は短いものだった。

《ニホンイチイノル　シンヤ》

かすかにざわめいていた広間は静まり返り、しばし声がなかった。

国立競技場のロッカールーム。試合時間が迫ると、キャプテンが訓示し、選手たちは輪を組んで気合を入れ、グラウンドに向かう。それを監督が行なうチームもあるが、これ以前から、この時間帯になると岡はロッカーから姿を消してしまい、さっさとスタンドへと向かっていく。もうこの段階では選手まかせですというのであるが、訓示をし、

テンションを高めるという行為が苦手である。それを見るのも苦手である。

このとき、阿部がなにをいったのか、岡は知らない。阿部の訓示は短いものだった。

「同志社大学と同志社大学ラグビー部の伝統と名誉のために闘おう！　個人の名誉を賭けて闘おう！　俺たちは強い！　一人ひとりが目の前の敵を倒せ！」

――なぜ個人の名誉のためにと？

「さあ、なぜだったのか……。考えていったのではなく自然に口をついて出た言葉でした。もちろん岡先生から指示を受けたわけじゃない。以来しばらく、個人の名誉を賭けて、という言葉が使われるようにな

ったということですが」

試合は一八―六で同大の勝利に終わった。点数以上の圧勝だった。前半途中、明大は林敏之と並び称されてきた大型FW、ナンバー8の河瀬泰治が負傷で退く。以降も負傷者がばたばたと相継ぎ、倒れた選手にやかんから〝魔法の水〟が何度もかけられた。逆に、同大チームで負傷したものは一人もいなかった。もう作戦云々ではなく、一人ひとりがコンタクトプレーで上回り、火の出るようなタックルが試合の帰趨を決めた。

試合後、NHKのアナウンサー、土門正夫が岡に監督インタビューを行なった。土門はベテランのスポーツアナウンサーである。一年前の出来事はもとより、岡が何者であるかを知っていた。それにしても、

質問の第一声は、友人に語りかけるがごとき異例なものだった。

「岡さん、この一年、長かったですね」

その問いを耳にして、岡はもうこらえることができなかった。紺のブレザーに水滴がしたたり落ちた。なんとかこらえつつ、絞り出すように答えた。

「……とにかく……とにかく学生にアタマを下げるだけです」

阿部にもマイクが突きつけられた。言葉を探しつつ、横で、すっかり白髪の増えた岡が滂沱《ぼうだ》しているのが目に入った。その姿を見てはじめて、ああ本当に勝ったんだ、勝ててよかった――と思った。

法華クラブでの祝賀会。一年前と打って変わり、OBたちはだれもが喜色満面、大いに盛り上がったが、選手十五人のうち、阿部は高熱

を発して病院に運ばれ、三人は氷枕を抱えて動けなかった。試合後数時間たって負傷者が続出する、稀なるゲームであった。

3

この年からいえば二十余年がたっている。東京・港区にある博報堂のオフィスに阿部慎二を訪ねた。いま営業局の部長職。多忙そうであった。

大学卒業後、阿部は博報堂で三年間、ラグビーを続けた。関東社会人リーグ二部に所属する。強豪チームからの誘いもあったが、ラグビーではなく仕事の内容という点から就職先を選んだ。その背景に、大学四年生時に過した一年間がある。強い社会人チームに在籍し、よし

んばそこで活躍できたとしても、あの一年に匹敵しうるような日々は持てまいと思えたのである。

あの一年間はいまどんな意味を持っていますか、と私は訊いた。

「そうですね、自分の人生のなかで、あんなにもぎっしりと詰まった一年を過すことは二度とないでしょう。岡先生をパートナーといったら失礼な言い方になりますが、僕のなかではそうだった。岡仁詩という人とともにとてもいい時間を過させてもらった。それは、明治に雪辱できたから、優勝できたからというんじゃない。何かもっと別ものの、人生の糧とでもいうんでしょうか、そんなものを残してくれたように思います。……すべてはあの日からはじまった。あの日の夜があったからV3もあったのだと思います」

大学選手権、阿部が卒業した翌年は決勝で日体大を、翌々年は慶応大を破り、同大は大学選手権三連覇を達成している。岡は部長職に退き、ヘッドコーチは岡より五学年下、京都市役所に勤務してきた原田輝美が就いている。

松尾・平尾の傷はすっかり癒え、ＳＯ―センターの新コンビは縦横にグラウンドを駆け回った。平尾の言を借りれば、「個性派の集合体」が当時の同志社だった。

ロック大八木淳史はＦＷの核であり続け、「ゴア」ことプロップ木村敏隆は剛のものだった。フランカー武藤規夫は屈指のタックルマンであり、ＦＷリーダーの土田雅人は走力豊かで統率に秀でたナンバー8だった。ＳＨ児玉耕樹は周りが視えて切れ味鋭く、ＳＯの松尾勝博

はときに味方さえ欺くトリッキーなプレーを見せた。東田哲也は速くて強いウイングであり、フルバック綾城高志のライン参加は変幻自在だった。自由奔放——という言葉が同大ラグビーの代名詞であるが、それを十全に体現していたのがこの頃の同大チームだった。

V3の達成日は一九八五（昭和六十）年一月六日、国立競技場。慶大との決勝戦は同大にとって薄氷を踏む勝利だった。

同大、慶大のフィフティーンは以下の通りである。

木村敏隆（三年　広島工高）　プロップ
森川進豪（二年　伏見工高）　フッカー
馬場　新（四年　長崎南高）　プロップ
圓井　良（四年　同志社香里高）　ロック

大八木淳史（四年　伏見工高）　ロック
武藤規夫（二年　延岡工高）　フランカー
浦野健介（三年　膳所高）　フランカー
土田雅人（四年　秋田工高）　ナンバー8
児玉耕樹（三年　高鍋高）　SH
松尾勝博（三年　延岡東高）　SO
清水剛志（三年　伏見工高）　ウイング
平尾誠二（四年　伏見工高）　センター
福井俊之（三年　同志社高）　センター
赤山泰規（三年　大分舞鶴高）　ウイング
綾城高志（二年　東山高）　FB

橋本達矢（三年　慶応高）　プロップ
五所紳一（三年　慶応高）　フッカー
中野忠幸（二年　慶応高）　プロップ
柴田志通（一年　慶応高）　ロック
中山　剛（四年　慶応志木高）　ロック
田代　博（四年　慶応高）　フランカー
玉塚元一（四年　慶応高）　フランカー
良塚正剛（四年　慶応高）　ナンバー8
生田久貴（三年　慶応高）　SH
浅田武男（四年　慶応高）　SO

市瀬豊和（四年　慶応高）　ウイング
松永敏宏（四年　天王寺高）　センター
林　千春（三年　慶応高）　センター
若林俊庚（二年　小石川高）　ウイング
村井大次郎（四年　慶応高）　FB

前半開始早々、松尾からのパスを受けた平尾が鮮やかなステップを踏んで先制トライを奪う。前半半ば、密集から武藤が抜け出し、最後、児玉がインゴールに押さえ込む。一〇―〇。ゲームは同大優位で進行したが、途中から流れが変わった。体重の劣る慶応のタイガー戦車FWがフル回転し、スクラム戦で優位に立つ。ハイパントからの果敢な攻撃が続き、同大は守勢一方となった。

後半も慶応の攻勢が続く。二つのペナルティを決めて一〇―六。劣勢になりつつ同大ディフェンスは固く、トライは許さない。FW第一列、試合途中でフッカーとプロップが入れ替わり、押されなくなった。反撃に転じ、ラックを連取して最後、ウイング赤山がゴールへ――。インゴールに飛び込む寸前、逆サイドから走り込んできた慶大ウイング若林が渾身のタックルを決める。素晴らしいプレーだった。死闘という言葉が浮かぶゲームとなった。

終盤、再び同大は自陣前に釘づけとなる。慶応が右中間でマイボールスクラムを得、絶好のチャンスを迎えた。ボールをキープし、FWがプッシュ、ボールはSHからSOへ、さらにセンター松永へと渡った。

松永は四年生のキャプテン、のち日本代表のセンターにも選ばれている。松永めがけて同大守備陣が左右から殺到する。松永はタックラーをぎりぎりまで引きつけ、タックルされつつ、ふんわりと短い飛ばしパスを投げた。ワンテンポ遅れ、絶妙のタイミングで切れ込んできたFB村井がキャッチ、ノーマークとなってゴールポスト左に飛び込む。絵に書いたようなトライである。「やったぜ!」。グラウンドに叩きつけられながら発した村井の歓喜の声を松永は聞いた。この位置ならゴールは確実に決まる。逆転だ……。

その直前、齊藤直樹レフェリーの笛が鳴っていた。スローフォワード! 同大の大学選手権三連覇が決まった時だった。

松永は天王寺高校の出身である。三年生時、高校ジャパンに選ばれ、ニュージーランド遠征のメンバーに加わっている。この遠征時の団長が岡であったことは触れた。後輩でもあり、もちろん岡は同大への進学をすすめたが、国立大学へ進みたいという。一浪後、松永は京大と慶大に合格したが、慶応を選んでいる。

いま、松永は慶大ラグビー部監督をつとめている。横河電機で現役を続けていたころ、新宿の喫茶店で会った日がある。

大学選手権における同大戦の記憶は鮮明だ。忘れようにも忘れられない試合だった。高校・大学・社会人と続いた現役生活、この試合がベストゲームであり、終盤、村井に投げたパスが自身のベストプレーだといった。

スローフォワードというジャッジに対し、レフェリーのミスジャッジという声がある。慶大サイドに立てばそう思いたくなるのも無理はない。ビデオを見る限り、松永が前に投げたようには見えない。けれども、レフェリーがスローフォワードと認知したらスローフォワードなのだ。ラフプレーがそうであるように――。

同大・慶大戦の日からいえば三年前になるが、退場事件があって以降、教訓として制度化されたものがひとつある。レフェリーの東西交流が実現したことで、それまで折々に指摘されてきた〝関東の笛〟〝関西の笛〟がいわれることは以降なくなった。別段〝帳尻を合わす〟わけではなかったろうが、岡の目から見て、V3時代、レフェリーの笛が同大不利に吹かれたという印象はない。

松永のスローフォワードについては、岡の座っていた位置は中央スタンドであったから、角度からしてよくはわからない。ただ、齊藤レフェリーが松永のほぼ真横にいたことからして、見やすい位置から判定したようには見えた。さらに松永は同大フランカー浦野にタックルに入られている。投げたボールは真横であっても、直後、タックルされたプレーヤーの投げたパスは前に投げたように映ることはよくある。そのようなボールであったように思えた。もちろん、これは同大サイドからの見方である。

別れ際、私は松永に訊いた。

――本当はどうだったのでしょう？

「あの場面、慶応の攻撃も同志社のディフェンスもぎりぎりのプレー

の連発だった。もう最高のゲームでした。だからよけいにね、いまもこだわりは残していますよ。……あれ以来、齊藤レフェリーに試合場で会ってはいるんですが口はきいていない。……本当はどうだったかですね。そうね、死ぬときにいうようにしますよ」

微笑しつつ、そう言い残して松永は新宿の雑踏に消えて行った。

4

一九八〇年代前半、同大は四度、日本選手権に出場している。相手はいずれも社会人選手権の覇者、新日鉄釜石である。四たび挑戦し、四たび敗れた。結果は以下の通りである。

三―一〇　（一九八一年一月十五日　国立競技場）

八―二二　（一九八三年一月十五日　国立競技場）
一〇―三五（一九八四年一月十五日　国立競技場）
一七―三一（一九八五年一月十五日　国立競技場）

新日鉄釜石が七連覇を果した全盛時代である。釜石側から見れば、V3、V5、V6、V7の相手が同大だった。一月十五日と決められていた日本選手権はラグビーシーズンのクライマックス、観衆はいずれも六万人を超えている。

一九八一年一月十五日の対同大戦、釜石フィフティーンは以下の通りである。

石山次郎（能城工高）　プロップ
和田　透（函館北高）　フッカー

洞口孝治（釜石工高）　プロップ
千田美智仁（黒沢尻工高）　ロック
瀬川　清（釜石工高）　ロック
高橋博行（秋田高専）　フランカー
佐野正文（秋田工高）　フランカー
小林一郎（釜石北高）　ナンバー8
坂下功正（宮古工高）　SH
松尾雄治（明大）　SO
細川直文（秋田工高）　ウイング
金野年明（一ノ関工高）　センター
森　重隆（明大）　センター

永岡　章（慶大）　　　　　　　ウイング

谷藤尚文（函館西高）　　　　　ＦＢ

王者・新日鉄釜石についてはすでに多くのことが語られている。東北の鉄の町で鍛え込まれたフィフティーンが、強く、高度なラグビーを展開した。ＳＯ松尾、センター森はラグビー史に残るプレーヤーである。センター金野のプレスキックは正確無比、ＦＢ谷藤はボールの落ちて来るところに必ず待ち構えていた。ＦＷ第一列石山、和田、洞口、ロック千田、瀬川……と並べていけばそのまま日本代表チームの構成となる。

Ｖ時代がはじまる二年前からＶ3まで、小藪修が監督をつとめている。現役時のポジションはＳＯ。同大時代は一九六〇年代後半、第一

次黄金時代から数年後の時代である。自身のラグビーの原点として星名秦と岡仁詩の名前を上げた。

当時、星名は同大学長にあったが、連日のように岩倉のグラウンドに姿を見せた。岡は講師時代で、髪はまだ黒く、選手と一緒に走る監督であった。

小藪の同大時代、チーム力はそこそこあったが、大学選手権では運がなかった。大学選手権が発足して以降、早大との定期戦は休止となり、慶明戦は当時、十二月に行なわれていたが、ここで怪我人が出て正月の選手権でベストメンバーが組めない年が続いた。

「大学時代は結果が残せなかったけれども、星名・岡という二人のラグビー創造者がいたわけで、やっているラグビーは大学のなかで一番

進んでいたと思います。お二人から一番学んだことは新しいことに挑戦していくこと、それに自主性ということでしょうか。このふたつのことは釜石にきてもずっと心がけてきたことです」

新日鉄釜石のラグビーは豪快なイメージを残しているが、その実、緻密で、進んだラグビーを持ち味とするチームでもあった。FWのモールプレーについても社会人チームで最初に導入している。タックルをしないでボールを回しながら抜き合うタッチフットなどは小藪の現役時代から取り入れられていた。酷寒の地、体を温める格好の練習であったからである。

監督になってからは、シーズンに入る前、チームをグループに分け、各グループに練習法をまかせた。統一性よりも部員の意思を尊重する

ほうが密度の高い練習になると思ったからである。「自主性の名残」であった。

星名門下生の市口順亮については以前に触れた。この前後、市口は副部長職にあったが、主たる任務は〝スカウト〟だった。

松尾・森は明大時代から著名な選手であったが、他のメンバーはほとんど東北の高校出身者である。この点、その後、同じＶ７を達成した神戸製鋼の主力メンバーが大卒のスタープレーヤーであったのと対照的である。

東北各地で高校の試合があると市口は観戦に出向いた。スカウトは個人的活動で、会社からタクシー代が出るわけではない。岩手県内はもとより、宮城、青森、秋田、北海道と、電車とバスを乗り継いで出

かけたものである。

顔を出すうちに部の先生たちと親しくなる。部員の特徴や性格を教えてくれる。体格や足の速さというフィジカル面もさることながら、「性格の素直さ」を市口は重視した。高校時代、無名の選手だった彼らがレギュラー選手となるのは早くて三、四年後、二十代半ばになって芽が出る選手もいた。この点、学生選手に見られる甘さはない。

釜石市の人口は六万数千人。「鉄とラグビーと酒しかない町」。練習が済むと連日、町の飲み屋や社宅で酒宴となり、夜がふけるまでラグビー談義を繰り返すのが市口の日課となっていた。すでに鉄鋼不況の影が忍び寄ってはいたが、それだけにまた釜石ラグビー部への住民たちの想いは深いものがあった。日本選手権、国立競技場のバックスタ

ンドで、大漁旗を手にしているのは漁協や飲み屋の親父サンたちだった。この時代、市口にとって釜石時代を通してもっとも楽しき日々だった。

新しいラグビーの習得と鍛え込まれた東北健児たちの強靭さ。町ぐるみで支えられたラグビーチーム。華やかさには乏しかったが、鈍い光沢をたたえた鋼のごとく、強くて味わいあるチームが釜石だった。

釜石への四たびの挑戦、もちろん岡は勝つつもりで試合に臨んだ。その年ごと、打倒・釜石の作戦を練りつつ選手たちをグラウンドに送り出したが、力及ばずに終わった。ただ、一方的な大敗はしていない。学生チームと社会人チームの力の差が歴然としてきた時代、善戦とい

う見方もできるだろう。

数年にわたる同大の第二期黄金時代、岡に思い出深いワンシーンはなんですか、と問うたことがある。

釜石との闘いでは、最初の挑戦、SO森岡公隆のドロップゴールを上げた。この試合、同大のあげた唯一の得点である。

「彼はドロップゴールのうまい選手でもなんでもなかったし、そんなに練習もしていなかったと思いますよ。大一番、やりたいことを思い切ってやってやろうと思ったんでしょうね。びっくりすると同時に、なんとまあ伸び伸びやってくれるわいと思って愉快になりましたね」

大学選手権の優勝を争った慶大との死闘、守勢に回った同大FWであったが、試合途中でフッカー森川進豪とプロップ馬場新が入れ替わ

った。以降、ＦＷが持ちこたえ、このことが薄氷の勝利につながった。

「スクラムの押しというのは、詰まるところ第一列の強さなんです。後で訊いてみると、三番の馬場が何度か押し込まれて、森川はハラが立ってきたというんやね。馬場さん、代わりましょう、といって代わったと。馬場は四年生、森川は二年生です。逆ならありうるでしょうが、下級生がねぇ。そういった森川もえらいが、それに従った馬場もえらいと思う」

同じ慶大戦。攻め込まれ、〝幻の逆転トライ〟が生まれる前、スクラムトライを狙われたときである。平尾誠二が大声で周りに指示している。試合後、何をいってたんだと平尾に確かめた。

「いいんだ！　トライされてもいいんだ！　と叫んでいたという。ノ

ーサイドまでまだ数分ある。ここでFWを消耗させるよりも余力を残しておいて、残り時間で一発の再逆転を賭けたほうがいいと思ったというんです。あのぎりぎりの場面でそんな発想ができる。なんちゅう奴だと思いましたね」

岩倉での練習マッチでのひとこまで、松尾勝博のキックにかかわること。

「相手陣に入って、ラックからのボールを松尾が手にした。大雨の日でグラウンドは泥んこ。当然、タッチ際に蹴るべきところを、なにを思ったのかオープンに蹴り上げた。案の定、ピンチを招いた。終了後、そんな雑なプレーはいかんぞと文句をつけるつもりで松尾を呼んだ。念のために、なんでオープンに蹴ったんだと訊くと、ブラインドサイ

ドのウイングが大回りして走り込んできているのが目線に入り、チャンスになると判断したからという。いや、訊いてみて良かったですよ。外で見ていた私にはウイングの姿が視野に入っていない。グラウンドにいる選手のほうが見えている場合がある。これには教えられましたね」

岡のあげたワンシーンは他にもあるが、共通項がある。自身が指示を下し、それに従って選手が好プレーをしたという類のものはひとつもない。その逆、選手が自分の判断で動いたもの。しかも指導者の思いもよらない、思い切った自由なプレー。それに心動かされているのである。

同大の第二期黄金時代、岡は五十代前半から半ばである。学生たち

はもう息子の世代である。〈息子たち〉の言動に心から感動することができる。岡にもし天賦《てんぷ》の才能があるとすればそのことにあったのではあるまいか。

この時代、指導者としてのコーチング術も頂点に達していたろう。けれども、そのことではなく、学生に驚かされたり、教えられたり、また新たに学んだこと、いわば自身が超えられていくことを喜びとする人。岡の本質が〈教育的なるもの〉にあることをあらためて思うのである。

5

大島真也は大学卒業後、近鉄に入社し、ラグビー部に入部した。在

籍したのは一年間で、退部と同時に会社も退職している。右肩の脱臼が持病となったこともあったが、それだけが理由ではない。部内で「あの笛」のことを訊かれることは一度もなかった。本当はどうだったのか――。一切訊かれないことに、逆にそのことが忘れられていないことを知った。また、そのことをしこりとしている自分が嫌になった。もうラグビーなど関係ない世界で生きたい……。

その後、大島の人生は紆余曲折している。

競輪選手を志した時期があるが、実現することなく終わった。やがて同大の夜間部に入り直して教職過程を専攻し、母校の花園高、ついで大阪にある柏原高で商業科の教員となった。

一時は捨てたと思ったラグビーであったが、部の担当となって生徒

たちにラグビーを教えた。ラグビー無名校の柏原高であったが、赴任して二年目、全国高校ラグビー大阪府大会でベスト4まで進出している。高校生にラグビーを教えることは決して嫌いではなかったが、教員という職がいまひとつ向いていない。学校長に退職を告げた日、教室前の廊下にラグビー部員がずらっと並んで別れを惜しんでくれた。その後、京都市内で交通警備を請け負う会社を設立した。

私が警備会社の事務所を訪れた日、あの日から十数年がたっていた。面談している間、よく電話が入り、大島は多忙そうであった。大学時代よりは肥ってはいたが、精悍な風貌と愛嬌のある笑顔は同じであった。私は最後に訊いた。

——真相はどうだったのでしょう？

「……ラフプレーをやっていないといっても、もう一度試合をさせてもらえるわけじゃない。だから、あったかなかったかじゃなしに、ジャッジがそうだった。そう思う以外にないわけです。……一番辛かったのはチームが負けたことです。その辛さは言葉じゃいえないです。……あれ以来、高森さん、笛を吹いておられないですよね。僕としては吹いてもらいたかった」

高森秀蔵はその後、母校筑波大学ラグビー部のヘッドコーチ、副部長などをつとめていくが、ビッグゲームでのレフェリーには一度もつくことはなかった。

――なぜ？

「だって、もしミスジャッジだったから笛を吹くのをやめたというな

ら一層辛くなるじゃないですか……」

――あの出来事がいまあなたに残しているものはありますか。

「いろんなものを残してくれたように思いますよ。僕はずっとヤンチャ坊主だった。ラグビーなどちょろいと思っていたし、高校でも大学でも好き勝手にやっていた。ただ、卑怯なこととか、ずるいことだけはしなかった。だからラグビーというスポーツにぴたっと吸いつけられたんだと思います。学生時代の最後、すごい試練にでくわしたわけですが、あれがなければ、そうね、きっと生意気なままに卒業していったでしょう。……あのことがあったがゆえに大事なことを知ったというか、いろんないいますか、人の痛みを知るとか、思いやる気持を知るとか、いろんなものをもたらしてくれた。そんな一面もあったんだといまは思える

ようになりましたね」

それは、長い歳月の間に、繰り返し問いかけ、ようやく着地させた答えであるように感じられた。翌年の正月、法華クラブに泊まる後輩たちに電報を打ったことについては、「ふと思い立って」とのことである。「そんなことをする人間じゃまったくないのに」。そういって、大島は笑った。

人生に、さまざまにまとわりついたラグビー。何度かもう縁を切ったと思ったが、結局、断ち切ることはできなかった。ラグビー愛好家でつくるクラブのメンバーとなり、草ラグビーに興じる日もある。

大学卒業後、大島はずっと気にし続けてきたことがひとつある。そ

の後、岡と一度もきちんと話をしてこなかったことだ。近鉄を退職したときも、真っ先に報告に行かないといけないと思いつつ、行けなかった。近鉄ではなかったが就職にさいしてやっかいもかけたのに……。試合場やなにかの会合で、他のOBたちと一緒に岡と顔を会わせたことは何度かある。が、なんとなく、きちんと岡の目を見て話せない。OBから、岡の自宅に出向き、夕食をともにしたなどと耳にすることがある。うらやましく思う。自分だって行きたい。だけど……。

そんな歳月のなか、一度だけ、ゆっくり岡と〝対話〟した日があった——。

退場事件から数えればおよそ八年後ということになる。一九八九(平成元)年十一月のこと。この日、関西大学リーグ、同大対京都産

業大の一戦があり、岡は京都・宝ヶ池球技場のスタンドに座っていた。体調が悪く、胸の奥が不快で脂汗が出てくる。試合終了間際、わしづかみされるような痛みに襲われ、我慢できずに倒れた。心筋梗塞であった。

救急車が呼ばれ、救命救急センターのある病院、京都第二赤十字病院へと運ばれた。集中治療室のベッドに横たわるまで、意識はとぎれとぎれであった。

ぼんやりした意識のなか、「上がらんなぁ……」という医師の声が聞こえた。昇圧剤などを注入しても上昇しない血圧を指している。目線に入る血圧計の数字も記憶している。高いほうが四十二、低い数値が二十八。保健体育を教えてきたから数値の意味するものはわかる。

妻の久美、フランス留学を準備中の娘の前途を思いやりつつ、実に瑣末なことも浮かんでくる。このまま逝ってしまえばきっと、グラウンドで倒れた岡は本望だったといわれるだろう……そんな美学はないのにシャクだ……研究室のロッカー、散らかしたままだったなぁ……。心は千々に乱れつつ、こう思った。まあ、しゃあないか……。それが脳裏によぎった〝最期の〟思いであった。岡、六十歳の日である。

大島の自宅に深夜、ＯＢ仲間から電話があった。生命の危険がある……。いてもたってもおれなくなった大島は車に乗り、京都府庁の南にある第二赤十字病院へと向かった。こんな時間帯、面会できるとはとても思えなかった。たとえできたとしても、いうべきことが浮かばない。それでも、ただ会いたいと思って車を走らせたのである。

予期した通り面会謝絶であったが、付き添っていた夫人の久美に会い、小康状態が続いていると耳にした。そして、病室の前、薄暗い廊下の椅子に腰を下ろした。見上げると廊下の丸い柱時計が十二時ちょうどを指していた。廊下に人影はなく、物音ひとつ聞こえない。じっと座っていた。長針が一回りし、さらに半分回ったところで、ようやく腰を上げた。久々、岡とたっぷり語り合ったように思いつつ大島は病室をあとにした。

第7章　再会

1

千葉県印旛郡印西町《いんざい》（現印西市）は、利根川の南岸にある町である。古《いにしえ》をたどれば、その水運を活用した物資の中継地として下総《しもうさ》の要衝の地でもあった。近年、ニュータウンの建設が進んで人口増が続いているが、少し前までは、東京―成田間の通過路に位置する、草深き町であった。

利根川の河川敷、地元の人たちが「運動広場」と呼んでいる一角がある。いまは使われることが少なくなっているが、芝が生え揃い、運動公園の面影は残っている。

かつてこの河川敷公園で、「ラグビー祭典イン千葉」というイベントが開かれ、同志社大学対大東文化大学の試合が行なわれている。以降、この町でラグビー祭が開かれるようになり、印西は千葉におけるラグビーの中心地ともなった。元をたどれば瓢簞《ひょうたん》から駒、元学生運動家の思いつきからはじまった。さらにその縁《えにし》をたどれば、一学生に残した、学生部長の「目」であった――。

滝田敏幸が同志社大学神学部に入学したのは一九七八（昭和五十三）年である。ラグビー部員の世代でいえば、林敏之や大島真也と同学年である。神学部にやってくる学生は牧師などクリスチャンの子弟が多いが、滝田の場合、そうではない。実家は印西町で代々、洋品店を営んできた。同志社大学を選んだのも、自由な校風を伝え聞き、

「たまたま」であった。

ラグビーにはまるで縁はない。岩倉の近くに下宿したので、ラグビー部の練習風景を見やることがあったのがわずかなかかわりであったが、ルールもなにもわからない。滝田が学生時代、熱中したのは学生運動であった。

伝統的に同大は学生運動が盛んである。一九六〇年代後半から巻き起こった全共闘運動の高揚期は過ぎ去っていたが、まだ余熱はあったころである。自治会の学友会を牛耳っていたのは過激派の赤ヘルで、四年生時、滝田は神学部自治会委員長をつとめている。

大学という場所、常にモメゴトの火種はあるものであって、学友会は、学費値上げと田辺町への校舎移転問題を俎上に「産学共同路線粉

砕」を掲げ、学内の運動はそれなりに盛り上がりを見せた。今出川校舎の中心、明徳館で大衆団交が繰り返された。

大学側の総責任者として、演壇にあったのは学長の松山義則、それに学生部長の文学部教授・岡仁詩である。滝田たちにとっては〝敵〟であり、岡がラグビー界の名物指導者であることもうっすら知っていた程度である。

団交とは、ああ言えばこう言い返すの繰り返しであって、延々議論してもラチはあかない。松山は心理学を専攻するクリスチャンの学者であった。団交は深夜に入り、松山は疲労困憊となった。様子を見て取った岡は、「今日はこれまで」といって、事態の収拾を図った。演壇近く、赤ヘルをかぶった一群から野次が飛んだ。

「学長の用心棒、引っ込め！」

滝田であった。学生たちを睨みつつ、岡も「いまいった奴、出て来い！」と言い返した。売り言葉に買い言葉である。

罵声を浴びせられたときはハラが立つ。けれども内心、うまいこというもんだ、とも思っていた。学生運動家の論理には辟易しつつ、その言い分に一部うなずけるところはある。それに、活動家といわれる連中、人としていえば純なところがあって、一人ひとりの彼らは別段嫌いではなかった。「いま思い返しても嫌な思い出ではない」。そう岡はいう。

その日から数日後、今出川校舎に近い路上で、二人はばったり顔を合わせた。岡は学生部の職員と連れ立ち、滝田のほうは神学部の同窓

で、友人の佐藤優《まさる》と一緒であった。のち佐藤は外務省に入り、ロシア通の主任分析官となるが、いわゆる「鈴木宗男事件」にかかわって逮捕される。〝外務省のラスプーチン〟とも呼ばれたが、裁判は係争中であり、この間の内幕を『国家の罠』（新潮社、二〇〇五年）で記した。それは後年のこと――。四人は近くの喫茶店に入った。滝田にとって、岡と本当に言葉をかわした最初がこの日であった。何を語り合ったかは忘れているが、「この人は体育会系の単細胞人間ではない、リベラルな人なんだ」と思ったことを記憶している。

四年生の正月。大学選手権の対明大戦、大島真也の退場シーンを滝田はテレビで見ていた。このころには淡いラグビーファンになっていた。この数日後であったから一九八二（昭和五十七）年一月上旬であ

る。滝田など学友会の幹部メンバーは要求貫徹を掲げ、寒空の下、明徳館前でテントを張り、毛布にうずくまって無期限ハンストに入った。

ハンスト現場に、岡は一日一回はやってきた。

「お前たちが真剣なことはよくわかった。いったん解いて、これからいくらでも話し合おうじゃないか」「機動隊を学内に入れるなんてことは決してしない。これは男の約束だ」「メシは食ってるのか。こんなことしておったら病気になってしまうぞ」

やって来てはそんなことを繰り返しいう。医師を連れてきて、ハンスト学生の血圧を測らせた日もあった。学生部長の職務として来ているのではない。学生の身を本気で案じている。それは自然とわかることだった。

ハンストをはじめて数日後、学生たちの体力も切れかかってきた。

またやって来た岡が強い口調でこういった。

「お前たちな、これ以上続けたら本当に命にかかわるぞ。頼むからもうやめてくれ！」

見上げると、学生部長の目に涙が一杯溜まっていた。この人は……。

それが、後々まで滝田に残った、岡仁詩という人の像となった。

2

卒業後、滝田は大阪にあるスポーツ用品のメーカーに潜り込み、五年間、広報宣伝部の仕事にたずさわった。仕事の余暇、熱中したのがラグビーである。社内で同好会をつくり、生まれてはじめてジャージ

ーを着込み、大阪城公園のグラウンドで同好会同士の試合も重ねた。休日、花園ラグビー場でビッグゲームがあると観戦にも出かけた。

そんな日々、花園のスタンドで、ばったり岡と顔を会わせた。岡にはなんのこだわりもないようで、近況を報告すると微笑を含んだ口調でこういわれた。

「そうか、お前さんも到頭カタギになったのか」

その後、滝田は印西町に帰る。父が病に倒れ、家業を継がねばならなくなったからである。およそ十年ぶりの帰郷であった。

生まれ育った地のこと。請われ、消防団や神社の世話役など地域の活動にかかわった。元来、世話好きである。故郷の町の活性化にひと肌脱ぎたいとも思っていたが、旧来の催しは旧住民だけが細々と参加

する行事ごととなっていた。東京に勤務する新住民にとっては、印西は寝るために帰る場所でしかない。地域のコミュニティなど生まれようがなかった。

この当時、竹下内閣が「ふるさと創生」を掲げ、地元自治体のさまざまなプランに一億円の基金を提供する施策をすすめていた。新聞にしばしば関連記事が載ったが、ふとひらめくものがあった。ラグビーを通して「町おこし」をしてみたらどうだろう。これなら旧住民も新住民もない……。

消防団の仲間を中心に「印西ふるさと創生会議」を結成、町役場に働きかけてみたが、相手にされない。町にラグビーチームもなければグラウンドもない。馴染みがないのである。同志社大学ラグビー部を

招いてみて……というプランも口にしたが、「そんな一流の大学チームがこんな田舎町に来てくれるはずがない」といわれてしまう。閉鎖的なムラ意識の前に計画は頓挫した。

その後しばらくして、滝田は田辺町の新校舎に岡を訪ねている。〝ハンスト仲間〟で元学友会委員長の齊藤啓一郎と一緒であった。齊藤は卒業後、名古屋の予備校の職員になっていた。たまたま齊藤から、久々、岡先生に会いに行かないかと誘われ、同行したのである。ひとしきり昔話をしたあと、滝田は頓挫したプランを口にした。岡の答えは思いがけないものだった。

「おもしろそうじゃないか。よっしゃ全面的に協力しよう。千葉のラグビー協会にもすぐ連絡を取ってやるよ……」

岡がすぐ応諾したのは、多少とも〝袖触れ合った〟学生からの話であったこと、加えて「町おこし」という言葉にぴんとくるものがあったからである。スポーツは個人の楽しみごとではあるが、地域社会にかかわることができればいいなと思うことがよくあった。各種のチャリティゲームなどは海外では一般的に行なわれている。日本はこの種のことがあまりにも少ない。

どこかで回路が通じたのであろう、元学生部長と元活動家は、この日、〝再会〟することとなった。

頓挫しかけたプランは息を吹き返す。もう一億円基金はあてにせず、滝田は創生会議のメンバーとともに招致計画を練り直し、すべて手づくりで進めることとした。グラウンドは利根川の河川敷とし、葦を刈

り、芝の種を蒔くことからはじめた。準備におよそ二年を要している。土手に段差をつけた〝観客席〟やスコアボードの設置などもすべて手づくりのものとなった。

労力は手弁当ですんだが、同大と相手チームを招待するさいの交通費や宿泊代など不可欠な資金はいる。パンフレットを作成し、協賛金を募った。計画が進み出すと、商店街、ロータリークラブ、町の職員など人の輪が広がっていく。河川敷に、葦を刈っただけの空地ではあるが臨時駐車場もつくった。これには習志野に駐屯する自衛隊がブルドーザーを持ち込んで協力してくれた。

この河川敷グラウンドで、同大対大東文化大の試合が行なわれたのは一九九一（平成三）年五月の日曜日である。前日の午後、子供たち

のためのラグビー教室が開かれ、夜は町の公民館で、岡と大東文化大学ラグビー部監督・鏡保幸《かがみやすゆき》をパネラーとする「スポーツシンポジウム」が開催された。『ラグビー・マガジン』編集長で、のちスポーツジャーナリストになる村上晃一が会の進行役をつとめている。

鏡に協力を仰いだのは岡である。早慶明に話を持ち込んでも協力してくれるであろうが、この時期は招待ゲームで日程が詰まっているだろう。鏡とは親しい関係にあり、話がはやいと思ったのである。大東文化大学は一九八〇年代後半、ラグビー強豪校となり、この二年前、大学選手権の覇者ともなっている。

当日、生憎の雨模様であったが、堤防の〝観客席〟は人々で鈴生りとなった。観衆は一万人余。遠方から駆けつけたラグビーファンを除

外していえば、町民四人に一人が参加した空前のイベントとなった。

岡は手作りのグラウンドを見詰めつつ、しきりにニュージーランドのことが思い出された。同大の初遠征のさい、ウエストポートという小さな町でゲームが行なわれた。グラウンドは牧草地の一角。わずかにスコアボードがあって、ここがグラウンドであることがわかる。ゲーム前、地元のラグビー協会の役員たちがラインを引き直したり、木立の間にロープを張って〝臨時観客席〟を作っている姿を見かけた。ラグビーを愛する地域の人々がチームを招き、手づくりで準備をする。ゲームを楽しみ、終われば懇談し、ラグビー教室などの催しも行なう。これぞラグビー――と思ったことが甦ったのである。

この年以降、五月か六月の土日に開かれる「千葉ラグビーフェステ

ィバル」は町の行事としてすっかり定着した。試合場は新設された陸上競技場に変わったが、毎年、大学チームの、また社会人チームの試合が行なわれている。二〇〇五年でいえば、千葉県を本拠とするクボタと日本ＩＢＭが対戦し、前座としてラグビー教室や小中学生の練習マッチが組まれ、試合後にはＮＥＣがファンサービスの催しを行なった。ラグビーは印西というイメージが定着し、秋の全国高校ラグビー県大会の決勝戦もこの地で行なわれるようになっている。河川敷に蒔かれた芝の種は、芽を出し、地に根づいていったのである。

第8章　奔放

1

同志社大学の一、二年生の授業と工学部が田辺町の新キャンパスへと移ったのは一九八六（昭和六十一）年春である。それに伴い、ラグビー部の練習場も岩倉を離れ、新しい地へと移転した。丘陵地を切り開いた広大なキャンパスで、ラグビーのグラウンドは一番奥に設けられた。校門から歩いて行くと二十数分はかかる。

ラグビー部の立場に立っていえば、かなりの痛手であった。主力の三、四年生は今出川校舎での授業を終えてやって来る。当地まで電車を乗り継いで一時間半を要する。しばらくはナイター設備もなく、合

同練習は夕暮れ時のわずかな時間しかできなくなった。同大が大学選手権の優勝から遠ざかったのはこれ以降であるから、その影響、小さくなかったというべきであろう。

この時期、関西大学リーグでも、同大一強時代は終わっている。坂田好弘の率いる大阪体育大学が一九八五（昭和六十）年度、創部以来はじめて同大を倒し、初のリーグ優勝を達成している。坂田にとって母校・同大は「エヴェレストのごとく高く聳《そび》えていた存在」であった。この年の同大戦は「ラグビー人生を通してもっとも感激したゲーム」となった。またこの後、京都産業大学もリーグ優勝を体験し、三強時代が続いていく。

全国的に見ても、旧来の伝統校以外のチームが台頭した。一九八〇

年代半ばから大東文化大学が、九〇年代以降は関東学院大学が屈指の強豪チームとなっている。外国人選手の入部、芝生の練習グラウンドやトレーニングルームなど施設面でも他大学の先をいった。

大学ラグビーの場合、有望な高校生選手の入学がチーム力の優劣を決める要素となるが、伝統校はそれぞれ大学としてのポリシーがあり、制約がある。同大の場合、運動部ごとにスポーツ推薦枠が設けられているが、人数は限定され、入学試験を受けて一定の点数以上に達しないと合格しない。一部の私学で行なわれている〝入学金免除〟などは認められていない。そのせいで、同志社を志望する逸材を逃がし続けてきたとOBたちは嘆くのであるが、もとより大学の運動部はプロではない。大学のありようとしていえば制約があってしかるべきだろう。

岡が心筋梗塞で倒れたのは田辺町へ移転して三年目である。その後、心筋の三分の一は壊死《えし》したままであるが、幸い後遺症もなく、回復することができた。ただ、それまでのように季節を問わず風雨を問わずグラウンドに立ち続けることはむずかしくなった。

原田輝美以降も部のヘッドコーチ・監督は歴代OBたちがつとめてきたが、いずれも本業の仕事を持っており、グラウンドに来る日は限られている。フルタイムの監督は、ヤマハを退職し、同大職員となった現監督の中尾晃がはじめてである。

さらにいえば、多くを部員の自主判断にゆだねる〝自主性ラグビー〟は、いい回転をするときにはチーム力をより強化するが、ひとつ間違うと甘さとなって逆循環しがちである。〈自由〉とはさまざまに

解釈可能な言葉である。

それやこれや、同大が大学選手権の優勝から遠ざかってきた理由はいろいろとあげられるが、ラグビーファンの脳裏に焼きつく好試合は幾度か見せてくれた。一九九四（平成六）年一月、大学選手権準決勝、対明大戦における〝行け行けラグビー〟はいまも記憶に鮮明である。

行け行けラグビーとは、ペナルティを得たさいにゴールを狙わず、その地点からボールを回し、モール・ラックを連取して縦突進を繰り返し、一気呵成にトライを狙う戦法である。この後、社会人ラグビーで東芝が同じような「P（ペナルティ）からGO」を用い、一九九六（平成八）年度から日本選手権三連覇を果しているが、戦法の元祖は同大だった。

新戦法が生まれるに至るにはそれなりの背景がある。

行け行け戦法についていえば、一九九二（平成四）年のルール改正の影響がある。国際ルールにのっとったものであるが、トライ得点がそれまでの四点から五点に増やされた。ドロップキックやペナルティキックで決まってしまう試合の味気なさを解消しようとする意図が込められていた。加えて、従来タックルされて転倒したプレーヤーは即ボールを離さなければならなかったものが、「ワンモーション」を許されることとなった。ボールを保持しているチームは持続してボールをキープしやすい。

ナイター設備はできたが、京田辺のグラウンドにおける部員の集まりは依然として悪い。全員がもれなく集合できるのは試合日で、試合

イコール合同練習の感があった。とにかく八十分間走り続けてこい、といって選手を送り出すことが続いた。

選手の個性に合わせてチームづくりをするという岡流からいえば、この年、ＦＷに人材が揃った。キャプテンのフッカー岡本亘司は闘将タイプ。プロップの北村一彦、倉田茂は大型でサイズは申し分ない。ロックの杉原勇次郎は百九十五センチの長身でラインアウトのスペシャリスト。さらに第三列、ナンバー8の新井泰英は俊足で突破力がある。さらに中道紀和がいた。いずれも四年生である。

中道は卒業後、神戸製鋼に入り、プロップとして日本代表メンバーとなるが、大学四年生時、フランカーに入っていた。三列に退いたのは、腰を痛めたこともあったのだが、第一列には他に人材がいた。中

道は俊足ではないが、ゲーム展開が読めてポジショニングがいい。ボールを持ってのダッシュ力は抜群だ。強いＦＷでボールをキープし、新井・中道を縦横に走らせてみれば……というのが行け行けを生む発想へとつながっていく。

この年、岡は六十四歳。そのラグビー観はさらに深化していた。

毎年、新入部員がやってくる。一人ひとり、面談をして雑談をするのであるが、いつも決まった質問をいくつかする。ラグビーのなにが好きかい？　というのもそのひとつ。判で押したような答えが返ってくる。

「はい、タックルです」

タックルはラグビープレーの基本であり、タックルを怖がってしま

えばラグビーは成り立たない。答えとしてはまことに立派だ。けれども、そうであらねばならないと過剰に思い過ぎているのではないか。自然に、シンプルに答えを引き出せば、ラグビーはトライしてこそおもしろい。だれにとってもそうであるはずだ。行け行けが果して優れた作戦であるかどうかはわからない。ただ、フィフティーンにとってもっともトライできるチャンスの多い戦法ではある……。

岡はこの戦法について選手たちに話してみたことはあったが、「こんな方法もあるんじゃないか」という言い方以上のことはしていない。最終決定を選手にゆだねるという〝岡イズム〟もまたさらに深まってあった。

2

一九九三（平成五）年度、キャプテンはフッカー岡本亘司であったが、バイスキャプテンのナンバー8、新井泰英がゲームリーダーをつとめている。フッカーはスクラム最前線の真ん中、ゲームの流れが読みにくい。行け行けの指令は新井の判断から発せられている。

新井は奈良・天理高校から同大に入学している。高校三年生時、天理高は全国優勝、新井は高校ジャパンに選ばれている。新井の年時、同大の大学選手権での成績は、一年生時は準決勝で早大に、二年生時は一回戦で大東文化大に敗れている。ともに完敗であった。三年生時も一回戦で関東学院大に敗れたが惜敗で、チーム力は向上していた。

最上級生となった年、四年生の発案で、V時代の神戸製鋼ラグビー部を訪れ、何度か指導を仰いだ。当たりの強い、レベルの高い社会人ラグビーに接したことは大きな養分となった。学んだことは、選手一人ひとりが能力アップのために努力を重ねていること、そしてグラウンドに立ったときの集中力である。

毎年のチーム力、秋の慶明との定期戦の結果が試金石となる。慶応には勝ったものの、明治には敗れた。試合内容は五分、攻撃に回ると勢いがあるが、ディフェンスの甘さを突かれ、後半失点を重ねた。PG（ペナルティゴール）の精度もいまひとつで、決まったとしてもそこで攻撃のテンポとリズムが途切れてしまう。三点よりも五点（コンバージョンが決まれば七点）を狙ったほうがチームの持ち味が生きる

のではないか……。

明大戦が終わった翌日、グラウンドに近い食堂で、四年生のレギュラーが集まって夕食会が開かれた。岡も同席していた。

このままでは大学選手権の勝利はおぼつかない、守備よりも攻撃力を生かすべきだ、攻めている時間を長くすればトライチャンスが生まれる、三点止まりのＰＧはもったいない……。そんな意見が出たあと、ペナルティを狙わずトライ攻撃を続行しようという声が多数を占めた。

岡の意見はこうだった。

「いい作戦かどうかはわからんが、やってみるのも面白いじゃないか。決めるのはお前らや」

この年、同大、京産大、大体大、龍谷大が関西リーグの四強だった。

対龍大戦が行け行け戦法の初戦となった。続く大体大、京産大戦もこの戦法を踏襲して勝ち続けるが、京産大戦は苦戦を強いられる。京産大はスクラムが強く、ＳＯにはのちトヨタに進み日本代表の司令塔となる広瀬佳司、センターには吉田明（のち神戸製鋼）がいた。前半、行け行けでトライを重ねたが、後半に逆襲され、あやうく僅差で逃げ切った。

行け行けは決まれば鮮やかであるが、重ねていくと意表を突くものではなくなり、相手も当然、予期してディフェンスを固める。ゴールポスト間近で得たせっかくのペナルティ。トライを逃がすと、ああ蹴っておけば、ということになる。攻撃につぐ攻撃。結果はトライを取るか阻まれるかの二つに一つ。ラグビーの醍醐味を満喫させてはくれ

るが、試合運びという点からみれば稚拙である。マスコミやOBから、なんて下手な試合運びをして、という声も寄せられた。

大学選手権を前にした日、田辺町のお好み焼き屋で、新井、岡本、センターの伊藤康裕、SHの鬼束竜太、それにヘッドコーチの大西一《かず》二《じ》らを交え、〝作戦会議〟を開いたことを岡は覚えている。伊藤は四年生のバックスリーダー、鬼束は三年生ながら日本代表にも選ばれた逸材で、行け行けの基点はこの選手のパスからはじまる。大西は一九七〇年代半ばに選手生活を送ったSOで、建設会社を営んできた。

京産大戦、終盤、PGを狙うべきだったか否かが議論となった。あのボールは狙うべきだった、タッチに出してゲームを切るべきだった……という反省は出たが、戦法それ自体を見直そうという声はなかっ

た。新井は終始一貫、「あれで良かったんです。行け行けを貫徹してチームが力をつけないと日本一になれませんから」といった。それが結論となった。

新井の意見が岡には頼もしく聞こえた。岡自身、いまだこの戦法に半信半疑なところはあったが、学生が話し合って結論を出したことである。すっきりした気持になった。

関東学院大との大学選手権二回戦は、年末、花園ラグビー場で行なわれている。行け行けを貫き、同大は快勝した。前半終了間際、ゴール正面付近でペナルティを得たところ、新井はスタンドに向かって左手を上げた。スタンドの観衆が行け行けを期待しているのはわかったが、時間がないのでペナルティを狙うという意志が自然と手の動きに

なった。新戦法にこだわりつつ、それにとらわれることはなかった。伊藤が蹴ってゴールを決める――。奔放かつ自在なゲームとなった。

卒業後、新井はワールドで八年間、現役生活を送った。いま関連会社に移りアパレル用品の企画・製造の仕事に就いている。高校・大学・社会人と、ラグビーにたっぷりと浸った月日。振り返って、この関東学院大戦、さらに続く明大戦がもっとも深く刻み込まれたゲームとなっている。ワールド時代、全盛期の神戸製鋼を倒すという金星も体験したが、この二試合には及ばない。

それはおそらく、大学ラグビーと社会人ラグビーの位相の違いによるものなのだろう。二十二歳のラストシーズン、大観衆が詰めかけた試合場でのビッグゲーム。ひとつは勝ち、ひとつは敗れという結果は

異なるものであったが、最高の舞台でともに意志を貫き、走り切った――。若き日、ただ一度到来する、ある凝縮した時間帯に身を置くことをもって〈青春〉というなら、二つの八十分間、そのようなものが彼のなかを通過していったのだろう。

3

そのプレーのたびに国立競技場はどよめいた。一九九四（平成六）年一月二日、国立競技場。大学選手権準決勝の第二試合、同大対明大。行け行けラグビー、関東のラグビーファンには初披露である。観衆は六万人と発表された。

同大、明大両校フィフティーンは以下の通りである。FWの平均体

重はともに九十数キロ。八〇年代前半と比べると十キロ増えている。

北村一彦（四年　同志社高）　プロップ
岡本亘司（四年　東福岡高）　フッカー
倉田　茂（四年　向陽高）　プロップ
岩本健嗣（二年　大工大高）　ロック
杉原勇次郎（四年　御影高）　ロック
中道紀和（四年　啓光学園高）　フランカー
吉本周平（四年　同志社高）　フランカー
新井泰英（四年　天理高）　ナンバー8
鬼束竜太（三年　東福岡高）　SH
大場将隆（一年　同志社高）　SO

石川裕一（三年　大工大高）　ウイング
伊藤康裕（四年　大工大高）　センター
森川泰年（四年　洛西高）　センター
藤原　匡（二年　八尾高）　ウイング
牟田　誠（三年　北野高）　FB
南條賢太（三年　大工大高）　プロップ
藤　高之（四年　大工大高）　フッカー
亀田　滋（四年　国学院久我山高）　プロップ
中谷　聡（四年　大工大高）　ロック
赤塚　隆（二年　大工大高）　ロック

松本幸雄（一年　函館有斗高）　フランカー
天野義久（三年　国学院久我山高）　フランカー
高橋一聡（四年　国学院久我山高）　ナンバー8
西田英樹（三年　天理高）　SH
信野將人（二年　国学院久我山高）　SO
吉田　光（二年　秋田工高）　ウイング
元木由記雄（四年　大工大高）　センター
三輪幸輔（一年　高鍋高）　センター
渡辺大吾（三年　秋田工高）　ウイング
田島賢一（四年　済々黌高）　FB

追いつ追われつの好試合となった。同大はボールをキープするとF

Wが活き活きと前進する。ペナルティを得、鬼束からのボールを新井が、中道が、岡本が持って突進する。モール・ラックとなり、またもや新井が、中道が、倉田が相手ディフェンスを切り裂いて突き進む……。

ゴールポスト付近のペナルティ。今度はさすがにないだろう……。だが、また行け行けだ。それでもやるか……。そのたびごとに、驚愕といささか笑いも含んだウオーンというどよめきが巻き起こる。他の競技を含め、国立競技場での観戦もかなりの数になるが、場内がこれほど沸いたのは記憶にない。

後半の終盤になっても同大FWの勢いは止まらない。ここまで一七―一五とリード。このまま押し切るのか……。残り数分、明大のカウ

ンターアタックが勝敗を分ける分水嶺となった。

明大の自陣深く蹴り込まれたボール。ラックからのボールがセンター元木に渡る。のち神戸製鋼に入り、日本代表の不動のセンターとなる。強靭なるラガーマンで歴代最多キャップ。ジャパンのシンボル的なプレーヤーとなった。

ボールを手にした元木に向かって、同大の守備陣が殺到する。左右にステップしつつ、一人かわし、二人目を突き飛ばし、さらに三人、四人……五人目でつかまったが、中央ライン付近まで前進する——。

「あのゲームは大学四年間を通して一番のゲームでしたね。終盤までモールでもラックでも押されっぱなし。明治がやらないといけないゲームを同志社にやられた。ああいう攻めをやってくるという予測はし

ていたのですが、勢いが止められない。もうアップアップでしたが、最後の最後に逆襲が決まって、なんとか逆転できた。ゲーム中にふっと生まれる一瞬の間隙をついたものでしたが、明治にわずかに運が残っていたんですね。死闘というか、すごいゲームでした」

二人がかりのタックルに倒されつつ、元木は巨漢ロック赤塚にパス。赤塚、左右から迫る同大タックラーをハンドオフで跳ね飛ばしつつ前進、ボールはSO信野へ。さらにフランカー松本へ。最後、タックルからのこぼれ球を手にしたフランカー天野がタックルされつつ右隅のインゴールへと跳び込む。劇的な逆転トライだった。

同大にとっては危惧された守備の甘さが出たともいえようが、元木の強さと、一瞬の間隙を突いてボールをつないだ明大フィフティーン

の執念をたたえるべきであろう。その後まもなく、明大がさらに駄目押しのワントライを追加したところでノーサイドの笛が鳴った。

――試合終了後、岡はロッカールームに出向いた。ひとこと、選手たちにねぎらいの言葉をかけてやりたいと思ったのである。誰もが座り込み、涙していた。

「……ごくろうさん。すごいゲームをやったじゃないか。これだけの大観衆の前で自分たちのやりたいことをやり抜いたんだ。素晴らしいじゃないか」

そこまでいって、声が詰まった。老ラガーマンはもうなにもいうことができず、若者たちの涙の列に加わって立ち尽くしていた。

監督・部長としてかかわった幾多のゲームのなかで、岡がもっとも

心に響いたゲームが三つある。ひとつが、オール同志社を率いてはじめてのニュージーランド遠征で最終戦カンタベリー招待チームとの一戦に引き分けたもの。もうひとつは、退場事件の翌年、明大に雪辱して大学選手権で優勝したとき。そして三つ目がこの試合である。

それぞれ、意味するものは違う。ニュージーランドでのゲームは、ラグビー王国の強豪チームと四つに渡り合えたという満足感だった。優勝したゲームは、一年前の負の出来事をなんとか埋めることができた安堵感だった。そしてこの準決勝戦。なぜあんなにも感激したのだろうと、後々思い返すこともあった。

勝敗をいえば負けゲームである。悔しかったけれども、それ以上に清々しかった。ヒントを与えたかもしれないが、行け行けラグビーを

選択したのは学生である。稚拙な戦法という批判も聞こえてはきたが、可否の判断を学生にゆだねた。明大戦、彼らは十五回ものPGチャンスを得ながらついに一度も試みなかった。イージーな位置からのPGもあった。けれども狙わない。それが彼らの意志だった。岡のラグビーをしたのではない。学生が彼ら自身のラグビーをしたのだ――。それ故であるように思われた。

学生ラグビーの指導者になって三十数年。学生が自ら編み出し、貫いたラグビー。そして、誰がみても面白い、わくわくするラグビー。ラグビーとは自由に創造すべきもの――。勝利ではなかったが、岡にとっては会心の、〝岡イズム〟という点からみても集大成のゲームともいえるものだった。

定年により、岡仁詩が同志社大学文学部教授ならびにラグビー部長を退任したのはこの翌年、一九九五（平成七）年春である。

第9章　歳　月

1

岡仁詩が教授・部長を退いて以降、同志社大学ラグビー部のヘッドコーチ・監督には、白川佳朗、圓井《まるい》良、徳原永宅、中尾晃が就いている。岡は「総監督」、その後は「技術顧問」、近年は一ＯＢとしてサポート役に回ってきたが、ラグビーとともに過ぎ行く日々に変わりはなかった。

総監督になって間もない時期、岡の歩みをたどった新聞のインタビュー記事のなかに、「サムシング・ディファレント」という言葉があった。私も岡の口からこの言葉を耳にしたことがある。なにかしら違

う、という訳語でいいだろうか。これ以降、行け行けほど鮮烈な戦法チェンジはなかったものの、サムシング・ディファレントへの試みはいくつかあった。

たとえば一九九九（平成十一）年度、バックスの浅いライン攻撃を試みた。バックスの位置取りでいうと、とりわけSOが浅く位置する。その位置でSHからボールを受け、パス、キック、あるいは突破を企てる。深いラインと比べていえばSOの動きは窮屈になるが、相手バックスを抜く確率は増す。抜けないまでもFWと近い場所でラックとなり、FWの素早い集散をはかるうえでは好都合だ。この戦法、SOの技量が優れていることが条件となるが、三年生に大西将太郎（のちワールドを経てヤマハ）という人材がいた。この年、神戸製鋼も浅い

ラインからの攻撃を持ち味としたが、SOにはアンドリュー・ミラーがいた。

この戦法、岡は衛星チャンネルで南アフリカのクラブチーム・シャークスの試合ぶりを見てヒントを得た。夏合宿で、シャークスの試合を映したビデオを持ち込み、選手たちに見せた。もちろんこうつけ加えられたことはいうまでもない。

「こんな方法もあるということで、やるかどうか決めるのはお前たちだ」

この年度の大学選手権。二〇〇〇（平成十二）年一月二日、同大は準決勝で慶大に敗れている。私は国立競技場の記者席で観戦していたが、新戦法はさほど目立たない。この年、タレント集団といわれたほ

ど慶大選手の個々の能力は高く、ラインアウトの巧拙とディフェンス力が勝敗を分けたように思えた。もとよりチームの力量があって戦法が生きるのであって、その逆ではない。なお、慶応は決勝で関東学院大を破り、記念すべき創部百周年を優勝で飾った。

サムシング・ディファレントがそのつど結果に結びついたかどうかは別として、常に新しきものの追究、選手の個性に合わせた戦術選択、そして最終決定を選手にゆだねる岡流に変わりはなかった。

部の肩書きということでいえば、しばらく「総監督」という名が与えられた。与えられたというのは、岡自身、あまり好きな名称ではなかったからである。「監督」という名称を好まなかったことは以前に触れた。その上に「総」がつくもの。意味するものは曖昧である。岡

は「一OBでいい」といったのであるが、もうOB会の理事会で決まってしまったことといわれ、承諾した。

その後、「技術顧問」という肩書きになった。これも望んだことではなかったが、決定事項ということで受け入れた。ただ、「コーチング・アドバイザー」という原意は好きである。自身がずっとかかわってきた世界はコーチングということであったし、そのアドバイザーは相応しいかと思えたからである。

その後また、いくつかの肩書きが持ち込まれた。近年でいうと「終身顧問」というのもそのひとつ。

「おそらく明治の北島先生のごとくイメージされたものでしょうが、北島先生のような形でまっとうされるのは大変なことであって、とて

も真似のできることではない。それに〝終身〟という言葉自体、論理的にいって成り立ちにくいのではないでしょうか」

このあたりの整理の仕方はいかにも岡らしい。

この二十数年、幹事（理事）、理事長、副会長、会長と、ＯＢ会運営の中心を担ってきたのは安村清である。

卒業年時は岡よりも四年下である。私は同大のニュージーランド合宿のさいにはじめて安村と顔を合わせたが（当時理事長）、温厚で気配りのきく人物であった。

「現役時代は名プロップで」というのが岡の紹介文句であったが、これは安村の体つきから発したジョーク。若き日はほっそりとした体軀

のウイングであった。一九五五（昭和三十）年度、安村の三年生時ということになるが、秩父宮で行なわれた早大との定期戦、同大は戦後はじめて勝利を刻んでいる。相対したウイングは日比野弘（のち早大監督、日本代表チーム監督などを経て日本ラグビー協会副会長）。日比野もまた当時はうんと細身であったとか。

安村の実家は、京都で織維染め加工を営んできたが、織維不況が続いた時代、会社経営も苦労が多かった。ラグビー部の世話役という「道楽」にかまけている余裕はなかったが、かかわり続けてきた。根っからのラグビー好きに加え、「裏方が性に合っている」と思ったからである。ずっと心がけてきたことは「岡さんのやりやすいように」ということであった。

二〇一〇年に同志社大学ラグビー部は創部百年を迎える。記念事業として、いちはやく三階建ての食堂つき寮の建設が進み、グラウンドの芝化計画も具体化しつつある。安村はOB会会長に就く前、百周年の事業も控え、岡に就任を一度は頼んでいる。

OB会の名簿を開くと、戦前から戦中にかけての卒業者の多くは「物故者」となっている。現存する大多数のOBたちにとって、大学のグラウンドでラグビーを学んだのは「岡さん」「岡ハン」「岡先生」からである。その意味でいえば、同志社ラグビー＝岡仁詩である。岡以上に会長にふさわしい人物はいるはずもない。ただし、安村は岡とは長い付き合いであり、その志向は十二分に承知していた。おそらくクビを縦に振るまいと――。

岡は固辞した。ＯＢ会の運営責任者は安村が適任であると思ったこと。それにグラウンド外のさまざまな運営と管理にたずさわるのはなんとも億劫であった。部との関係の形は歳月のなか自然体でいい。望むことはただひとつ、体の許す限りグラウンドに立つことによってラグビーとかかわり続けたいということだった。いわば〈生涯一捕手〉であること。肩書きがなんであれ、あるいはそれがあろうとなかろうと――。

2

岡仁詩の歩みをたどるに当たって、これまでに登場した人々以外のラグビー部ＯＢたち、またＯＢ以外の人々にも会った。岡および〝岡

イズム〟を考える上で、新しい光が差し込むように感じたり、あるいはぼんやり憶測していたことがあらためて確認できたように思うことがあった。

岩切修《いわきりおさむ》の現役時のポジションはフランカー。年次は新日鉄監督から日本代表監督をつとめた小藪修と同じである。慶大との定期戦、助骨を剝離骨折したが——負傷名は試合後に判明したものであったが——サラシを胸に巻いて出場し続けたという逸話をもつ。

在学時、学長だった星名秦が岩倉のグラウンドによく姿を見せた。集合がかかると、「ギンギンギラギラと口ずさんでいました」

——？

「(話が長くて) 夕日が沈む、ですわ」

愉快な人柄の人物であった。

卒業後は京都にある商社・京華産業に勤務してきた。OBになってからも、部の夏合宿にはほとんど毎年参加し、第二期黄金時代、FWコーチもつとめている。いまOB会副理事長。岡とのかかわりも深いが、〝ともに過した時間〟という点でいえばOBのなかでダントツであろう。たまたま岡と岩切の住んだところから生まれた関係である。

岡の住まいが京都・長岡京市にあった時期、岩切は京都・西区にある洛西ニュータウンに住んでいた。岡が田辺町に転居すると岩切も宇治市へと変わった。ともに車に乗れば近い。西京極や宝ヶ池、あるいは花園ラグビー場に出向くおり、岩切の車に岡が同乗して行き帰りをともにするのが習慣のようになった。車中で繰り返したラグビー談義、

合計すればいかほどになろうか。

岩切が岡の気質ということで連想するのは「エンジニア」である。岩切は機械部門を長く担当し、エンジニアとの付き合いを重ねてきたが、商談成立に不可欠なことは理《ことわり》、その機械がいかに優れているかを説き明かす事実である。話を持ち込んでくるのが社長であろうと新入社員であろうと関係はない。そういう技術者に似た体質が岡にはあった。

帰り道の車中、岡がしきりに感心している。それはスタンドでのファンとの立ち話であったりして、いわば〝ラグビー素人〟のシンプルな感想であるのだが、誰の意見であろうと本質に届いていると思われるものは素直に受け入れる。そんなところが岡にはあった。

さらに「教育者的なもの」である。

試合で同大が敗れる。ゲーム運びの判断が悪いとき、岩切には腹立たしい。ペナルティを得て、キックでゴールを狙うべきところ、行け行けに固執してチャンスをつぶす。帰りの車中、つい鬱憤を岡にぶつけてしまう。岡ももちろんカッカしているのであるが、返ってくるのはいつもこんな答えである。

「そりゃそうだけれども、選手には選手の判断があったんだろう。まずそれを聞いてやらんといかん」

プレーの判断にかかわることで、岡の選手批判を岩切は一度も耳にしたことがない。

私もまた、岡から学生の悪口に類するものを一度も聞かなかった。

逆に、プレーヤーとしては才乏しき選手であっても、あんないいところがあった、こんな面白い面があったということをよく口にした。ふと吉田松陰の逸話を想起したりした。

幕末期、長州藩士・吉田松陰は幽閉されてのち、松下村塾を開いた。この塾からキラ星のごとく逸材を輩出したことはよく知られている。後年、塾生たちの人物評を求められたさい、たとえ才恵まれぬ塾生であったとしても、あえて好ましき面を取り出して語ったという逸話である。松陰の本質が思想家であるとともにより教育者にあったことを物語っている。人の美質を見出すことをもって教育者の才とするなら、同質のものを岡に感じるのである。

明治以降、日本のスポーツは「学校体育」のなかで育ってきた。徳

育、鍛錬、求道……といった旧来的な教育的価値観を、ときに過剰に求めてきたのはそのせいであろう。西欧諸国におけるスポーツの基礎単位は地域の「クラブ」であって、スポーツの目的は個人の楽しみごと以外にない。

岡自身の志向は〝教育派〟ではなく〝楽しみ派〟である。岡の口から「教育」という言葉が聞かれることはあまりなかったが、結果として、岡のなしてきたことは、若者の成長を促すという教育的なるものであったように思えるのである。

コーチング岡仁詩ということで岩切が感服してきたのは「眼力」である。スタンドで隣に座っていると岡から声がかかる。「おい岩《がん》よ、あのSO、いいと思わんか」。それが試合がはじまってまだ数分であ

ったりして、びっくりしてしまう。
岡によれば、別段、魔法の目を持っているわけではない。ゲームのなか、いいタックルを決めた選手がいるとする。たまたまであったのか、ポジショニングがいいのか、足は速いか、起き上がるのは素早いか……。しばらくその選手に目線を合わせていると伝わってくるものがあるのだという。常にそういう目で試合を見る癖がついてしまい、ゲーム全体を見るという意味ではよくないともいうのであるが――。

岩切は鹿児島・大口高校の出身である。同大ラグビー史上、馬庭重行は快足ウイングとして名を残しているが、岩切にとって馬庭は高校の二年先輩で、京都の大学にやって来たのは先輩の誘いがあったから

である。ＯＢ会の活動にかかわるなか、岩切は鹿児島出身ということで自然と〝九州担当スカウト〟の任も果すこととなった。

在学四年生時は主将をつとめ、いまトップリーグでも活躍中のＮＥＣグリーンロケッツのセンター、向山昌利《むこうやままさとし》は、この〝スカウト網〟に掛かって同大にやってきた一人である。

宮崎・都城高校に、九州では評判の高い選手がいた。岩切は鹿児島に住む弟に頼み、熊本高校との試合のビデオを送ってもらい、岡に手渡した。しばらくして返ってきたのは、都城高の選手ではなく、熊本高の向山昌利という名のセンターであった。岩切は名を知らず、もちろん岡もビデオで見たのがはじめての選手であった。足はそう速くはないが、がっちりした体軀とタックルの良さが目についた。この選手

がボールを持って走るとボールが生きるのである。県立高校なので推薦も取りつけやすいだろう……。

同大での四年間、向山は総監督であった岡と接した。入学時、岡の名前を知らず、そのキャリアを耳にして「びっくり」したが、「気さくなオッチャン」で「拍子抜け」する。在学時、チームの成績はいまひとつであったが、年々ラグビーをすることが好きになっていった四年間だった。主将時、岡から「こうしたほうがいいんじゃないか」といわれたことはあるが、「こうしろ」といわれたことは一度もない。

卒業後の進路を決めたのは岡のアドバイスによってである。いくつかの企業から誘いがあった。九州の地元企業にしようかと思って相談に出向いたところ、こういわれた。

「お前さんの人生だから好きなようにしたらいいんだが、ラグビーで伸びていきたいと思うなら強いチームに所属することも大切だ。その観点から選択してみることもいいんじゃないか。とにかくラグビーができる期間は限られているんだから」

選択先に神戸のワールドを選ぶ。四年間、ワールドに所属したが、その後、向山は退社してニュージーランド、さらにイギリスへと向かう。本場でやってみたいという思いがつのったからである。節目節目、相談がてら岡のもとに出向いている。断定的なことをいわれたことはないが、「冒険を後押ししてくれる人」であった。

ニュージーランドではクライストチャーチに滞在した。すでに妻帯しており、寿司屋のアルバイトなどをしながらクラブチームに所属し、

半年間、ラグビー王国で暮らした。ビデオを見て相手チームを研究するとか、複雑なサインプレーなどは日本のほうが進んでいた。当地では「当日、試合場に行って相手をぶちのめす」というのが彼らの流儀だった。チームメートたちもそれぞれ仕事を持ち、余暇として心からラグビーを楽しんでいる。このことはロンドンで所属したチームにおいても同じであった。

ラグビーは走る格闘技であること、自身が楽しむためにやっていること。「二つの原点」を再確認したのが海外体験の収穫だった。向山にとって二十代は、「ラグビーをより好きになっていった年月」となった。

帰国後、誘いがあってＮＥＣグリーンロケッツの一員となった。Ｎ

ＥＣは二〇〇四年度はトヨタを下し、二〇〇五年度は東芝と同点優勝、日本選手権の連覇を果している。向山はバイスキャプテンとしてチームリーダーの役割を果した。この間、日本代表チームのセンターにも選ばれている。代表としてゲーム出場した選手に与えられる初キャップは二十九歳の日であるから随分と遅咲きの選手である。

高校時代、ラグビーは「部活動のひとつ」というものであった。ラグビーに入れ込み、後年、海外に出、またジャパンのメンバーに選ばれる日がこようとは夢想だにしていない。出発の因縁をたどれば、一本のビデオが導いた道ということにもなる。ＮＥＣグリーンロケッツの本拠は千葉・我孫子《あびこ》市。岡と顔を会わすことは少なくなったが、向山にとって「ふっと会いたいと思う日がある先生」であり続けている。

3

東京・新橋から、お台場に向かうモノレール「ゆりかもめ」に乗る。レインボーブリッジを越えると東京湾の臨海埋立地に新しいビルが林立している。あたかもSF映画に登場する未来都市のごとくでもある。CSテレビのスポーツ専門局「Jスポーツ」は高層ビルのフロアにオフィスを構えている。

Jスポーツが開局したのは一九九八（平成十）年のこと。開局とともに入社した田口賢司（現企画制作部長）はずっとラグビー中継を担当してきた。Jスポーツは、大学選手権やトップリーグ、欧州の六か国対抗、南半球のトライネーションズ（ニュージーランド・オースト

ラリア・南アフリカ）の主要ゲームを放映してきたが、そのディレクターをつとめてきた。自ら望んだ部署であった。

田口はラグビー体験者ではない。岐阜の出身。同志社大学文学部在学中は学友会の活動――「すでにパロディの時代だった」というのであるが――に熱をあげた一人であった。当時の学生部長は岡である。林・大八木らがいた第二期黄金時代、自然と「ラグビー大好き人間」となった。卒業後はテレビ制作会社に勤務し、その後、ニューヨークに住んでブルースの音楽ドキュメンタリーの制作に携わったりもしている。

ラグビーの第一回ワールドカップは一九八七（昭和六十二）年、ニュージーランドで開かれ、以降、四年ごとに、イングランド、南アフ

リカ、ウェールズ、オーストラリアの地で行なわれている。第一回大会の期間、岡はニュージーランドに「在外研究」のために滞在しており、もちろん試合場に足を運んでいる。一九九九年のウェールズ大会は、安村清と一緒に観戦に出かけた。このとき、日本代表チームを率いた監督は平尾誠二である。

田口はテレビ中継の仕事で当地に出向いていた。ロンドンの街角でばったり岡と顔を合わす。岡にとっては「学友会の活動家」ということで田口を記憶していた。学生部長と活動家、〝敵対〟した関係であったが、当時からすでに十数年、共にもう懐かしき思い出であった。夕食を共にし、その後、秩父宮や花園、あるいは国立競技場でしばしば顔を合わすようになった。

田口の岡論はなかなかユニークであった。岡はよくリベラリストと評されるが、田口は「アナーキー」あるいは「ノイジー」という言葉を使った。すぐにはストンと落ちてこないのであるが、「非秩序」「反権威」「非均一」といった語彙《ごい》が付加されるにつれて焦点が合ってきて、確かに岡の志向の一面をついているように思われるのである。

長くラグビー中継にかかわってきた田口が近年、不満を覚えるのは戦術における均一化である。ペナルティを得ると、判で押したようにタッチに蹴り出し、ラインアウトからのモール、押し込んでのトライを狙う。世界のトップチームから高校ラグビーまでがそうだ。トライを得る手段として有効であることはわかるが、なんだか面白くない。均一化されたハーモニーの埒外にある「雑音的なるもの」、それが岡

と同大ラグビーの良き持ち味ではなかったかと――。

田口の独特の言い回しには、彼が小説家であることもかかわりがあろう。『新潮』（二〇〇四年八月号）に掲載された「メロウ　1983」は芥川賞候補作となり、第十四回ドゥマゴ文学賞の授賞作品ともなった。

岡の人物風景は、田口の表現を借りれば、「たった一人、光に満ちた孤独を満喫している自由人」ということになる。

ラグビーゲームのなかで、田口はタックルが好きだ。あるいはパスでもキックでもいい。「ストーリーにない、事件性を帯びた一瞬の技」に感動を覚える。

「仕事として、あるいは好きな対象としてラグビーを見てきたものに

とって、岡仁詩と彼の探求してきたラグビーは魅力的だった。少なくとも究極の目的はコンペティションで勝つためのラグビーではなかったように思うんですね。勝つなら美しく勝つ。固有の美意識を感じるわけです。僕自身はそういうラグビーを見てみたい。そのさいグラウンドで舞っているのが紺とグレーのジャージーなら、なおいうことがないと」

美の探求――。岡に問えばそれは過剰だと苦笑するであろうが、〝岡イズム〟の一面を確かに切り取っている。

勝利ということについて、もちろんそれを軽んじたことは一度もないが、歳月を重ねるなかで岡のなかでウエートが多少とも変化してき

たことは確かだった。

監督になった若き日、なすべきことはチームの強化であり、試合を勝ち抜くことが目的のすべてであった。そのことが部を預かる指導者の責務であることはいうまでもない。けれどもそれが「すべて」というのと「最大の目標」ということは違う。

岡をそうさせていったのは学生だった。五年後、十年後、二十年後……卒業生たちと出会う。彼らの口から、自身すっかり忘れている思い出を耳にする。実に瑣末なことであったりするのであるが、彼らのなかでは大切な思い出となっていることを知る。それは当該年度、勝った負けたとはあまり関係がない。

毎年五月五日のこどもの日、「同志社ラグビーフェスティバル」が

京田辺市のグラウンドで開かれる。新入部員の紹介、附属高校である同志社高対同志社香里高、同大対招待チームのゲームが組まれるのが習わしである。グラウンドの隅にテントが張られ、Tシャツなどが販売され、飲み物や軽食が用意される。OBやその家族たち、またラグビーファンが集ってにぎやかである。試合後は校舎内に席を移し、新入部員歓迎会が催される。

このフェスティバル、一九六〇年代のはじめ、もちろんグラウンドは岩倉であったが、新入部員歓迎会としてはじまった。次第にOBやファンの集いという色彩が増してきたのであるが、年一回の機会、岡には楽しみである。

一家とか親分子分とか、あるいは徒党を組むという類の言葉で連想

されるものを岡は嫌うが、「ファミリー」あるいは「仲間」という言葉から浮かぶものは好きである。かつての部員たちが妻帯し、子供を連れてやってくる。立ち話だけであっても楽しいひとときである。ラグビーというものを通して縁《えにし》があったと思えるとき、この世界に携わってきて良かったと思う。縁ということでいえば、これまで卒業部員たち七十数組の仲人を夫人の久美とともにつとめている。

大学ラグビーは、春の新入部員の加入とともにはじまる。夏合宿を経てチームの骨格が固まり、秋口からシーズンに入る。正月の大学選手権が終わるとシーズンオフとなる。卒業生を送り出し、しばらくするとまた新しいシーズンがやってくる……。そのサイクルのなかで、いつしか岡は思うようになっていた。負けたら何も残らないというチ

ームではありたくない、と。その思いは年々深まっていった。

大学生活、有意義に送ってほしいと思う。よく部員たちにいったものだ。ラグビー部以外の学生とも付き合え、と。部の寮に住んだとすれば、親しくなるのは同じ住み人たちとなり、教室に行くのも、グラウンドからの帰りも、メシを食うのも同じ顔ぶれとなりがちだ。毎日が狭い世界の中で循環していく。せっかくの四年間、それだけではつまらないし、もったいないではないか。違う世界の人間と付き合えばもっと広い世界も視えてくるはずだ、と。

ラグビーをやったことで残るもの。それはなんだっていい。苦しいときに耐えることでも、敗北の悔しさを次のバネとすることでもいい、他者に対する思いやりでも、一人の友だちを得たということでもいい

……。四年間、ラグビーにかかわったことが何か置き土産を残していってくれたらと願う。結局、部活動の意義というものがあるとすれば学生一人ひとりに残していったものの加算以外にはないであろうから――。

4

長田文隆《ながたふみたか》の卒業年次は一九七二（昭和四十七）年である。ラグビー部の同期生は、故人となった金城仁泰、ヘッドコーチをつとめた徳原永宅、新日鉄室蘭の監督をつとめた村口和夫（現新日鉄東京本社）など六人である。数が少ない分、いまも親しい付き合いが続いている。

二〇〇四（平成十六）年一月十日、大学選手権準決勝。同大チーム

は、この年抜群に強いといわれた早大と対戦、前半リードされたものの後半になって追い上げ、五点差まで詰め寄った。ノーサイド寸前、波状攻撃を続け、最後、ボールを手にしたセンター平浩二が右タッチライン際を走る。同点トライか……と思われたところで平がライン外に押し出され、同時にノーサイドの笛が鳴った。

国立競技場、同大OBたちが陣取る一角は大いに沸いたが、長田たちは沈んでいた。金城危篤の報が伝わり、試合終了と同時に席を立ち、都内の入院先の病院へと駆けつけることになったからである。

岡を知る人たちは、岡をもっとも深く知るOBとして岩切と長田の名前をあげた。長田が岡と交わったのは、まずは学生時代、選手ではなかったことに由来する。

長田は大阪・大和川高校から同大に入学している。ラグビー部に入るが、やがて高血圧という持病が判明し、選手を断念、部のマネージャーとなって部活動を続けた。

マネージャーであるから、遠征時の切符や宿舎の手配、関西ラグビー協会との連絡事など、監督と打ち合わすべきことが多い。長岡京市にあった岡の自宅に泊まったり、地方の高校ラグビー大会に一緒に出かけたり、自然とかかわりが増えた。「雑事一般」を引き受け、地方の高校からやってきた新入生に岩倉の寮を案内し、もろもろの相談事に乗るのもマネージャーの役割だった。

卒業後も長田の「裏方担当」は続く。ＯＢ会は存在していたが組織だった運営はされておらず、連絡事は担当幹事に、つまりは長田にま

かされ、何年も文書類の発送などはすべて一人でやっていた。

長田によれば、勤務先と勤務地が〝災い〟した。勤務先は大阪府中小企業信用保証協会。地方公務員で転勤がなく、大阪を動かない。時間も捻出しやすく、事務局にはうってつけだったというのであるが、岡がこの人物を信頼したのは控え目で誠実な人柄からであろう。

長田の語った岡は、これまで記してきた岡像と重なっている。ラグビーへの造詣、理論家、新しもん好き、リベラルな思想、合理主義、学生への愛情、教育的配慮……などである。

長田はさまざまな岡を知るが、「あれこそ岡さん」と思い続けてきた光景がある。〝大島退場事件〟のときの出来事である。

国立競技場の正面スタンド、長田は岡の斜め後の席に座っていた。

長年の習性のごとく、どの競技場に出向いても自然とそんな位置の席に座ってしまう。レフェリーがジャッジを下した直後、スタンドでは何が起きたかわからず周りは騒然としていたが、岡はすぐ黙って立ち上がり、姿を消した。そして、長く、席に戻って来なかった……。

岡がどこに向かったのか、なぜ戻って来ないのか……。長田にはわかっていた。試合を見ることよりも傷ついた学生の側にいてやることが大事と考えたのだろうと。それはいかにも岡さんらしいと——。

人とは多面的な存在である。自身のなかに感応するさまざまなものを宿していて、その時々、相手によっても立ち現われるものは違う。しばしば、相矛盾しているものを自身のなかに包摂している。そのな

かでなお貫かれてあるものが本質と呼ばれるものであろう。長田の指摘した情景は、岡のもつ確かな本質に触れるものであろう。

理論家・岡仁詩については折々に記してきた。論理明晰、理の人であることは疑いない。岡はいつも理詰めの語り手であったが、ふっと飛躍するものを感じるときはあった。その源は、戦時下の体験であったり、文学青年出身の名残であったり、打倒・関東へのこだわりであったりした。

対人関係は、家族を含め、さらっとした、いわば西欧的なスタイルの人だった。けれども、岡という人の背骨には、日本的といえば日本的なるものが濃厚に流れている。その長い監督生活を通して、もっとも燃え上がった一九八二年度のシーズン、奥深いところで岡を突き動

かしたものは理屈でもなんでもなく〈情〉そのものであった。

　理知と情念の境界線は、岡自身、整理できていない。その亀裂のなかで歩んできたのが岡のラグビー人生であり、それこそが彼を優れたラグビー指導者に押し上げたものだった。

　上級生・下級生の差別はなく、キャプテンを選挙で選び、試合のメンバー選出をキャプテンに任せ、ゲームの戦術選択も学生にゆだねる――。こういう〈同志社方式〉について、「辛気臭いといえば辛気臭いやり方ですが」と洩らしたことがある。けれども、辛気臭いと思うことはあっても、苛立つことはない。それは、岡が辛抱強い性格をしているからではなく、人はだれも、頭を打ち、失敗を重ね、さまざまに体験を重ねるなかで変わり得ると思っているからである。〈学生〉

とは学んで新たに生まれいずるものと書く。そのことを本気で信じるものをロマンティストというなら岡はロマンティストである。

岡がその生涯を過したラグビー世界はいま急速に変容しつつある。アマチュアスポーツの精神をもっとも尊んできたラグビー界にもプロ化の波が押し寄せた。日本ラグビーが世界の強豪に迫り得ないのは、日本の進歩が乏しいのではなく、プロ化のなかで世界のラグビーが格段に進んでいったからである。この波は日本にも押し寄せ、国内でもプロ化が進行している。トップリーグの選手たちの一部は所属チームとプロ契約を行ない、大学チームでさえスポーツメーカーからの支援を得ようとしている時代である。

いい悪い、好き嫌いを別にしていえば、このような流れは変わるま

い。その意味でいえば、岡や岡たち世代のラガーマンが棲んだ世界はいまや遠くへ去ろうとしている。けれども、彼らが楕円球のボールと格闘しつつ、開拓し、生み残し、試みたものはいまも輝きを失ってはいない。世界のあり様が変遷してもなお継承するにたるもの。ときを超えて在るなにか良きもの――。それをひときわ体現していたラガーマンが岡仁詩であったと思う。

5

七十代半ばとなり、グラウンドに出向くことは少なくなった。夫婦二人の暮らし、静かな日々にアクセントを与えているのはラグビーゲームである。花園や宝ヶ池で同大が出場する日は試合場に出向く。例

によって岩切とともにである。二〇〇六（平成十八）年の正月は体調が良く、花園での全国高校ラグビー選手権、国立競技場での大学選手権と、久々、〝観戦ハシゴ〟をしたりした。

同大の出場した関西大学リーグや大学選手権での観戦記を「同志社ラグビーファンクラブ」のホームページに「残日庵日記」というペンネームで寄稿している。好きな作家、藤沢周平の『三屋清左衛門残日録』から思いついた名である。

同志社ラグビーファンクラブは、シーズンの打ち上げの席で「たまたま」生まれた。毎年十二月上旬、関西学生リーグの最終戦が終わると、試合場が花園なら大阪の、京都なら京都の「がんこ寿司店」で優勝祝賀会――二位以下なら残念会――兼大学選手権への激励会が開か

れるのが習わしである。参加者は部員、その父兄、ＯＢやファンなどであるが、ファンの参加者が年々増えている。がんこ寿司店が使われてきたのは、がんこフードサービスの創業者で関西経済同友会代表幹事をつとめる小嶋淳司が同大ＯＢであり、熱心なラグビーファンであることによっている。

この席でファンクラブ結成が発議され、いま会員はおよそ八百人。集められた会費は、会報『紺グレニュース』の発行、割引入場券の購入などに充当され、部の新寮建設への寄付も行なっている。会員は同大ＯＢ以外のラグビーファンも含まれている。小嶋によれば「同志社ラグビーを応援することの喜びを分かち合うことを唯一の目的とするクラブ」で、部の活動に嘴《くちばし》を入れることは一切ない。

ファンクラブからの要請があって観戦記を寄せている。岡らしく、緻密で公平、チームの課題を的確に指摘するものとなっている。というのが私の読み方であったが、小嶋はこんな印象を洩らした。

「岡先生とは個人的なお付き合いは薄いのですが、毎回どの原稿にも学生に対する愛情がにじみ出ていて、実に優しい人だということが伝わってまいります。文は人なりと申しますがその通りですね」

同大OBでクラブの世話人を引き受けている北村徹男も同じことをいった。

理と情——は短い戦評のなかでもふと顔を出すものとなっている。

近年、岡の楽しみ事は、京田辺市の同大グラウンドで行なわれる関

西大学ラグビーの「ジュニア／コルツリーグ戦」である。このリーグは、Aリーグ戦とは趣が異なる。岡自身、勝敗を離れ、のんびりとゲームを楽しんでいる。ゲームが済むと、選手を呼び止め、気づいたことをアドバイスする。この楽しみ事、〝教え子のプレゼント〟でもある。

関西大学ラグビーのなかに、「ジュニア（二軍）リーグ」が発足したのは一九八二（昭和五十七）年のこと。さらに八八年からは「コルツ（三軍）リーグ」も発足した。コルツとは「若駒」という意味である。Aリーグと同じように、ジュニア／コルツも総当たりのリーグ戦がある。試合は各大学のグラウンドを使い、レフェリーは、各大学のコーチやOB、あるいは府県ラグビー協会所属のレフェリーたちがつ

とめる。リーグ戦が終われば、たとえ一軍が試合を残していても、ジュニア／コルツの選手たちは基本的にシーズン終了となる。一軍のために二軍があるのではないという考え方からである。新リーグの発案者は大阪体育大学ラグビー部監督の坂田好弘だった。

坂田が〝ラグビー留学一号選手〟としてニュージーランドに渡り、その後何度か当地に滞在してきたことは触れた。

ニュージーランドにおけるラグビー社会の仕組みは日本とは大きく違う。どのクラブにもシニア、ジュニア、コルツがあり、それぞれ同レベルのチームとのゲームがある。子供や女性同士のゲームもある。まずゲームありき――。それが彼らのスタイルであった。

日本の大学では強豪チームの部員数は優に百人を超える。試合に登

録されるレギュラー選手は二十数人である。四年間、まったく試合を体験しない選手もいる。すべては一軍のためにというのが、ラグビーのみならずスポーツ界の伝統的な考え方である。ひたすら練習を重ねる下積み生活であっても、それがまた〝人生の修養〟になるというのがそれを支えてきた思想であろう。

けれどもどこかおかしくはあるまいか。試合には出場せず、練習のための練習だけを覚えて卒業していく。たとえ技量は劣ろうとも部員たち誰もがゲームに出たい。試合に出て、ボールを持って走り、蹴り、トライするから面白いのだ。そもそも試合があるから練習をするのではないか。試験があるから勉強をするように……。

関西大学リーグの部長・監督が集まる委員会で、坂田は二軍リーグ

の発足を提案した。モロ手を上げて賛成したのが岡だった。これ以前、岡は委員会で同じ提案をしたことがあったのであるが、時期尚早ということで見送られてしまった。坂田という賛同者を得て、プランは日の目を見たのである。

ゲームに出られない選手をどうするか——。監督時代を通して、岡がずっと思い続けてきたテーマであったが、それは選手時代の思い出もかかわっている。

岡の学生時代、部員はまだ四十人前後であったが、自然とレギュラー、非レギュラーに分けられていた。非レギュラーたちは〝シベリア組〟という自嘲を口にすることもあった。寒いだけ、という意味である。

練習を終え、岩倉から叡山電鉄に乗って出町柳へと向かう。いつも帰りをともにしていた仲のいい同級生に、車中、こういわれたことがある。シベリア組の一人であった。

「岡よ、お前が俺たちに気を遣っているのはわかるが、レギュラーは所詮、レギュラーでない部員の気持はわからんよ」

その一言はいつまでも抜けない小さな棘《とげ》のように残り続けた。ジュニア／コルツリーグの発足を得て、はじめて小さな答えを得たように思えたのである。

岡の部長時代、毎年ではなかったが、ジュニア／コルツチームの地方遠征なども行なっている。広島修道大学、名古屋・名城大学、トヨタの二軍チームなどとの試合である。遠方に出向くことも思い出にな

ると思って積極的に機会をつくった。

国立競技場で行なわれる大学選手権の場合、遠征・宿泊費は日本ラグビー協会の負担である。二軍チームの遠征はもちろん、どこからも〝補助〟は出ない。大学選手権に出る選手たちから五千円を徴収し、それをプールしてジュニア／コルツの遠征費用の足しにしたりした。

新リーグ戦がはじまって二十余年、制度はすっかり定着した。同志社による日本選手権の優勝や大学選手権の三連覇ではなく、ジュニア／コルツリーグがあることをもって関西大学ラグビーの誇りとしたい――。そう岡はいう。

グラウンドは自宅から歩いて十数分の距離である。もちろんスタン

ドも屋根もないが、向こう正面、斜面になった土手に何段か横板を渡した一角があって、そこに腰を下ろす。〝観衆〟は両チームの関係者を中心に数十人である。

コルツリーグの試合となれば、レベルは相当に落ちる。岡のような目の肥えた観客には物足りないと思えるのだが、見ていて楽しい。高度なラグビーゲームが好きなのではなく、ラグビーそれ自体が好きなのである。

――タッチキックは何本目だったか、少し多過ぎるな……あのセンター、真っ直ぐに走るのがいい、馬力もありそうだ……ラインアウトのサインが三つしかない、もうひとつはほしいところだな……。ふっと独り言のようにつぶやいている。

岡仁詩が同志社大学ラグビー部の監督になってしばらく、選手たちの世代は〈弟たち〉だった。いつのまにか〈息子たち〉となり、やがて目の前のグラウンドを〈孫たち〉の世代が駆けている。

大学ラグビーの指導者になって四十数年、天王寺中学の固いグラウンドで楕円球と出会ったことから数えれば六十余年。グラウンドに目をやりつつ、ふっと往時の出来事が走馬灯のようにかすめるおりがある。悔しいこと、辛いこと、嬉しいこと……。数限りなき思い出がグラウンドに埋まっている。さまざまな出来事があったが、一度としてラグビーを嫌いになったことはない。

いまや遠い日のこと。戦争が終わり、天中の校庭で一人、どこかに仕舞い込まれていたラグビーボールを持ち出し、蹴った。ジャージー

もスパイクシューズもなく、素足であった。楕円球のボールは、以前と同じように、真っ直ぐに、右に、左にバウンドし、転がって行った。自分らしい自分がここに在る——。グラウンドにいるときに覚えた感触はその後も消えることはなかった。そのことが、飽くことなくグラウンドへと自身を駆り立ててきたものであったのか。内側からの誘《いざな》いに身を任せ、終始グラウンドに立ち続けてきたラガーマンに、いつの間にか長い時が流れ、通り過ぎていった。

主要参考図書

『日本ラグビー史』日本ラグビーフットボール協会（日本ラグビーフットボール協会、一九六四年）
『同志社ラグビー七十年史』同志社ラグビー70周年史編纂委員会（同志社ラグビークラブ、一九八三年）
『星名秦の生涯』星名直子編（私家版、一九八一年）
『青春をラグビーに賭けて』長岡民男／村瀬順（講談社、一九八一年）
『ラグビー　荒ぶる魂』大西鉄之祐（岩波新書、一九八八年）
『空飛ぶウイング』村上晃一（洋泉社、一九九九年）
『激動の昭和スポーツ史13　ラグビー』池田郁雄（ベースボール・マガジン社、

一九八九年）
『日本ラグビー百年の記憶』池田哲雄（ベースボール・マガジン社、二〇〇一年）

あとがき

明治の世となり、日本は西欧諸国から法律を、医学を、軍政を、郵便を、警察制度を……学び、取り入れた。スポーツもそのひとつで、ラグビーもまたそうである。ラグビーの発祥はイギリス。パブリックスクールで生まれ、しばしば紳士のスポーツと呼ばれてきた。日本におけるラグビー史をたどっていると、ルールを忠実に訳し、このスポーツの精神を含め、きちんと伝えようとした先人たちの生真面目な姿が浮かんでくる。

ラグビー精神を現わすものとして、「一人はみんなのために、みんなは一人のために」という言葉がよく引用される。フランスのアレクサンドル・デュマの『三銃士』からの引用で、イギリス本国では聞かれることがないともいわれるが、日本国内ではこの言葉が流布した。チームプレーと犠牲的精神は日本人の好むものだった。その意味で、ルーツとは微妙に変形しつつも、発祥の国から遠く離れた極東の地でラグビーは根づいていった。

さらにこのスポーツのもつ荒々しさ、潔さ、肉弾あいうつ格闘戦は日本人の好むものだった。野球ほどの広がりはもたなかったが、広く国民的スポーツとなったのは十分故あることだった。

ラグビーは学生スポーツを基軸に育ってきたが、その担い手に〝京

都グループ〟があった。象徴的な人物が星名秦であり、本書の主人公・岡仁詩である。

新しい戦法の創造、学生個人を主体とするチームづくり、教育的視野……のさまざまについては本文で記した通りであるが、その底流にあったのはリベラリズムという思想である。それは、星名や岡の個人的志向であるとともに、戦争をくぐり抜けた世代、中央から離れた京都という地、また学校の伝統と校風がアマルガムされて熟成されたものであろう。いわゆる体育会的な色彩が濃い日本のスポーツ界にあっては数少ない、それを良きものとするならおそらく最良の水脈であったろうと思われる。

いまスポーツのありようは大きく変容しつつあって、アマチュアス

ポーツの牙城といわれたラグビーも例外ではない。その意味では、過ぎ去りし慎ましき時代の物語であるかもしれないが、私は心引かれるものを覚えてきた。そこには、時を超えて伝承すべききキラリと光るものが数多く宿っている。それが本書執筆の動機となっている。付随して、小さな個人的動機もある。私がラグビー好きとなったのは父の影響による。戦前のこと。同志社大学在学中は部員ではなかったが、中学・予科のころ、父はラグビーをしていた。趣味の少ない人であったが、生涯、ラグビーだけはこよなく愛した。なにひとつ親孝行をした覚えはないが、本書の刊行だけは喜んでくれるだろう。すでに二十三回忌が済んでいうのは詮無きことであるが――。

いつか私なりのラガーマン・岡仁詩の評伝をまとめてみたいと思っ

てから、長い年月がたっている。「ラグビー　No.1」と記した取材ノートの日付けは「1989年10月」となっているが、このノートに岡から耳にした最初の談話を記している。振り返って、これまでもっともロングランの、また好きな対象を書くという意味では楽しき仕事であった。

この一年余り、月に一度平均であったか、岡氏の自宅を訪れた。約束の時間はいつも午後二時で、暇乞いをするのは夕刻であった。インタビューは延べ数十時間になる。本書が成立したのは、なにより長時間にわたり辛抱強くつきあってくださった岡氏の忍耐による。さらに同志社大学および他大学のラグビー部OB、関係者の方々から貴重な証言をいただいた。本書をまとめるにあたっては岩波書店編集部、小

野民樹氏のご尽力をいただいた。お世話になった方々に心より謝意を表する。

二〇〇六年　夏

後藤正治

本書は、株式会社岩波書店のご厚意により、岩波新書『ラグビー・ロマン』を底本といたしました。

後藤正治

1946年京都市に生まれる
1972年京都大学農学部卒業
ノンフィクション作家
著書―『生体肝移植』（岩波新書）
『遠いリング』（講談社ノンフィクション賞受賞）
『はたらく若者たち』『私だけの勲章』『咬ませ犬』『甦る鼓動』（以上，岩波現代文庫）
『人生の冒険者たち』（岩波書店）
『リターンマッチ』（大宅壮一ノンフィクション賞受賞）『ベラ・チャスラフスカ　最も美しく』（以上，文春文庫）
『マラソンランナー』（文春新書）
『奪われぬもの』『スカウト』（以上，講談社文庫）
『不屈者』（新潮社）ほか多数

ラグビー・ロマン
—岡仁詩とリベラル水脈—

（大活字本シリーズ）

2019年６月10日発行（限定部数500部）

底　本　岩波新書『ラグビー・ロマン』

定　価　（本体3,300円＋税）

著　者　後藤　正治

発行者　並木　則康

発行所　社会福祉法人 埼玉福祉会

埼玉県新座市堀ノ内３—７—31　〒352—0023

電話　048—481—2181

振替　00160—3—24404

印刷製本所　社会福祉法人 埼玉福祉会 印刷事業部

ISBN 978-4-86596-305-2